Schwäbische Alb

10 „SUNLIGHTS" – DIE REISEHÖHEPUNKTE

3 Schloss Lichtenstein (S. 77)
Zinnenbesetzte Türme und wertvolles Mobiliar in prunkvollen Räumen kennzeichnen das prächtige Schloss, das zu den meistbesuchten Sehenswürdigkeiten der Schwäbischen Alb zählt.

4 Tübingens Altstadt (S. 63)
Pittoreske Brücken, Kirchen und Bürgerhäuser prägen das Bild der romantischen Altstadt der Studentenstadt.

2 Burg Hohenzollern (S. 45)
Burgromantik pur erlebt man bei einem Besuch der trutzigen Hochburg, in der das alte Adelsgeschlecht der Hohenzollern residierte.

5 Metzingen (S. 71)
Als Paradies für Schnäppchenjäger gilt die Outletcity, in der sich namhafte Designerläden aneinanderreihen.

1 Naturpark Obere Donau (S. 36)
Von seiner wildromantischen Seite zeigt sich der idyllische Naturpark mit dem malerischen Flusstal, das von bewaldeten Steilhängen und hellen Kalksteinfelsen gesäumt wird.

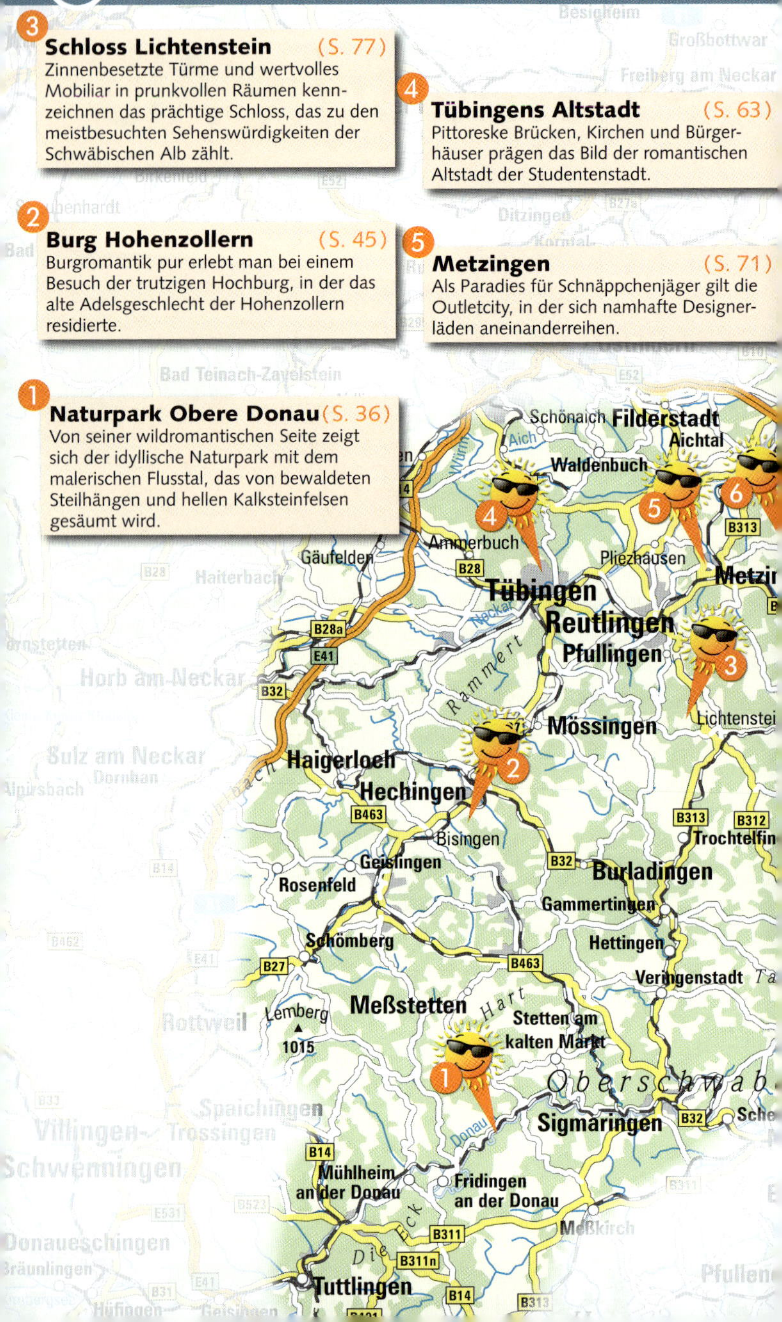

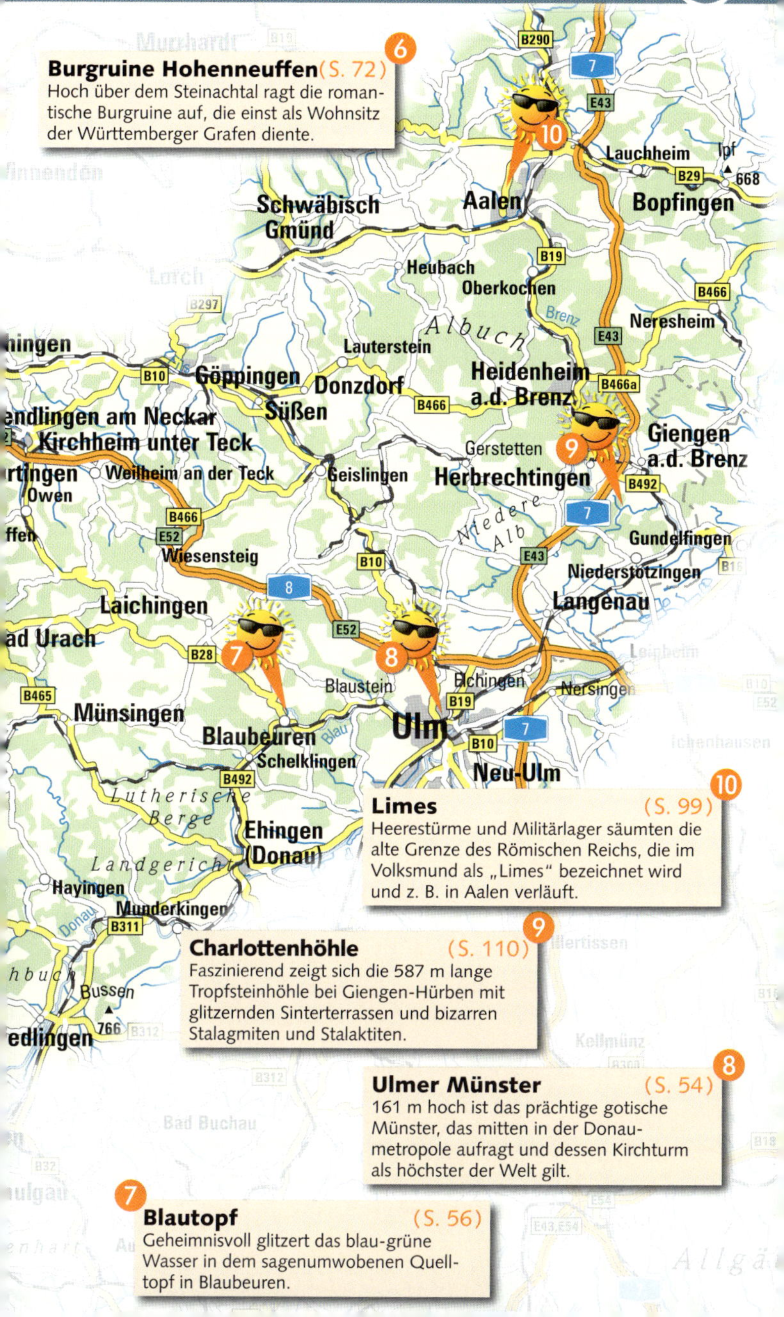

6

Burgruine Hohenneuffen (S. 72)
Hoch über dem Steinachtal ragt die romantische Burgruine auf, die einst als Wohnsitz der Württemberger Grafen diente.

10

Limes (S. 99)
Heerestürme und Militärlager säumten die alte Grenze des Römischen Reichs, die im Volksmund als „Limes" bezeichnet wird und z. B. in Aalen verläuft.

9

Charlottenhöhle (S. 110)
Faszinierend zeigt sich die 587 m lange Tropfsteinhöhle bei Giengen-Hürben mit glitzernden Sinterterrassen und bizarren Stalagmiten und Stalaktiten.

8

Ulmer Münster (S. 54)
161 m hoch ist das prächtige gotische Münster, das mitten in der Donaumetropole aufragt und dessen Kirchturm als höchster der Welt gilt.

7

Blautopf (S. 56)
Geheimnisvoll glitzert das blau-grüne Wasser in dem sagenumwobenen Quelltopf in Blaubeuren.

INHALTSVERZEICHNIS

Burgen & Tropfsteinhöhlen

Spätzle, Museen & viel Natur

Mit ihren romantischen Burgen, faszinierenden Tropfsteinhöhlen, glitzernden Quelltöpfen, eindrucksvollen Klöstern, duftenden Wacholderheiden, modernen Museen und traditionsreichen Städten ist die Schwäbische Alb nicht nur eine vielseitige, sondern auch eine der beliebtesten Urlaubsregionen in Deutschland.

Naturparadies

Während die Schwäbische Alb aus der Ferne häufig wie ein unzugänglicher, rauer Naturraum wirkt, der sich schräg im Südwesten von Deutschland erstreckt, offenbart sie beim Näherkommen ihre vielseitigen Reize als abwechslungsreiches Mittelgebirge. Sonnige Hochflächen, wildromantische Täler und Schluchten sowie aussichtsreiche Bergkuppen wechseln sich ab und verwandeln die Alb in ein Paradies für Naturliebhaber, das außerdem noch mit faszinierenden Karsthöhlen, einem Vulkan und zwei Meteoritenkratern aufwartet.

Kulturregion

Doch nicht nur als Natur-, sondern auch als traditionsreicher Kulturraum macht die Schwäbische Alb von sich reden. Bis in die Steinzeit reicht die Besiedlungsgeschichte der Region zurück, wie uralte Malereien und Fundstücke in Höhlen belegen. Die mächtigen Burgen, die hoch über den Tälern grüßen, stammen dagegen aus dem Mittelalter und erinnern an die Blütezeit der Hohenzollern und Staufer. Von ihrer schönsten Seite zeigen sich auch die eindrucksvollen Klöster und Kirchen in den Städten, bei denen kunstfertige Meister am Werk waren.

Tradition & Innovation

Dass die Schwaben ihre Traditionen lieben, zeigt sich in den zahlreichen Museen, die sich in fast jedem Ort mit der Heimatgeschichte, dem Brauchtum und der Völkerkunde beschäftigen. Auch in der Schwäbischen Küche spiegelt sich die lange Geschichte der Region wider: Mit viel Liebe widmet man sich auch heute noch dem Spätzle schaben oder dem Maultaschen füllen. Gleichzeitig jedoch können die Schwaben stolz auf einige bahnbrechende Erfindungen, wie z. B. in der Textilindustrie mit mechanischen Webstühlen oder der Waagentechnik mit Feinwaagen zurückblicken, die sie als erfolgreiche Tüftler mit großem Erfinderreichtum auszeichnet.

▶ *Das Bauernhausmuseum in Ödenwaldstetten, Landkreis Reutlingen.*

STECKBRIEF

Fläche:
▶ rund 12.000 km²

Einwohner:
▶ 2.750.000 Millionen

Bevölkerungsdichte:
▶ 227 Einwohner/km²

Bundesländer:
▶ Baden-Württemberg, Bayern

Regierungsbezirke:
▶ Stuttgart, Tübingen, Freiburg, Schwaben

Landkreise:
▶ Alb-Donau-Kreis, Dillingen, Donauwörth, Esslingen, Göppingen, Heidenheim, Ostalbkreis, Reutlingen, Rottweil, Sigmaringen, Tübingen, Tuttlingen, Zollernalbkreis

Stadtkreis:
▶ Ulm

Höchste Berge:
▶ Lemberg (1.015 m ü. NN), Oberhohenberg (1.011 m ü. NN), Plettenberg (1.005 m ü. NN),

Längste Flüsse:
▶ Donau (2.857 km), Neckar (367 km), Rems (78 km), Fils (63 km), Brenz (55 km), Eyach (54 km), Große Lauter (35 km)

Beschäftigungszweige:
▶ 40 % produzierendes Gewerbe, 60 % Dienstleistungsbereich

Land- und Forstwirtschaft:
▶ Ackerbau, Fischerei, Viehzucht, Milchwirtschaft, Holzeinschlag

Industrie und Handwerk:
▶ Maschinenbau, Elektronik, Medizintechnik, Textilgewerbe, Brauereien

Dienstleistungen:
▶ Öffentlicher Dienst, Forschung, Banken, Versicherungen, Logistik, Datenverarbeitung, Gesundheitswesen

Schwäbische Alb kompakt
Die besten Reiserouten

Egal ob Kulturinteressierte, kulinarische Genießer, Sportfans oder Naturliebhaber ihren Urlaub auf der Schwäbischen Alb verbringen – die abwechslungsreiche Region hat mit Sicherheit für jeden etwas Passendes zu bieten. Drei Tourenvorschläge sind im Folgenden vorgestellt, bei denen die Zahlen in den Karten angeben, wo sich die jeweiligen Ziele befinden.

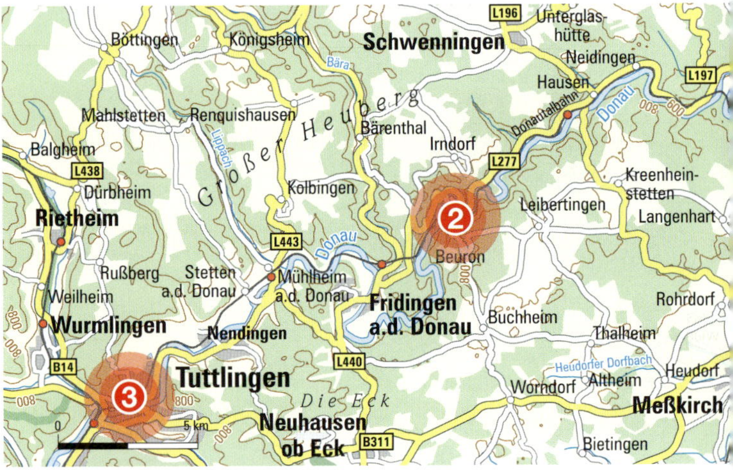

▶ Tour: Durchs Donautal.

▶ *Start der Tour „Durchs Donautal" ist in Sigmaringen mit seinem imposanten Schloss.*

Tour: Durchs Donautal

Beginn der Tour durch den „Canyon der Schwäbischen Alb", wie das Obere Donautal gern liebevoll genannt wird, ist in **Sigmaringen** ❶.

Hier lohnen sowohl die reich ausgestattete Kirche St. Evangelist als auch das prächtige Zollernschloss einen Besuch, bevor man in das wildromantische Donautal eintaucht.

Nach einiger Zeit flussaufwärts kommt man zur berühmten **Klostersiedlung Beuron** ❷, die nicht nur auf eine reiche Vergangenheit zurückblickt, an die kostbare Kirchenschätze und Klostergebäude erinnern, sondern die sich heute außerdem als Zentrum des Naturparks Obere Donau versteht, über den sie im alten Bahnhofsgebäude informiert.

Durch die einzigartige Flusslandschaft erreicht man schließlich die Stadt **Tuttlingen** ❸, in der die Tour nach einem Rundgang durch die Altstadt und einem Besuch des Freilichtmuseums Neuhausen endet.

Tour: Ostalb-Runde

Interessante Städte und einige der schönsten Natursehenswürdigkeiten der ganzen Schwäbischen Alb lernt man auf der Tour über die Ostalb kennen. Der Ausgangspunkt ist in **Ulm** ❶, der größten Stadt in der Region, in der man unbedingt das Münster besichtigen sollte, dessen Kirchturm als höchster der Welt gilt. Von hier geht es am Südrand der Ostalb entlang nach **Niederstotzingen** ❷, wo man sich zu einem Abstecher ins malerische Lonetal begibt, das bereits in grauer Vorzeit besiedelt war, wie Höhlenfunde belegen. Am anderen Ende des Tals erreicht man die Höhlenerlebniswelt mit der faszinierenden Charlottenhöhle in **Giengen-Hürben** ❸. Bei einem Rundgang taucht man in die faszinierende Unterwelt mit ihren glitzernden Stalagmiten und Stalaktiten ein, die seit Jahrtausenden in der Karstlandschaft wachsen. Besonders für Kinder interessant ist außerdem ein Ausflug in die Steiff-Erlebniswelt im Stadtzentrum von Giengen, wo die bekannten Plüschtiere mit dem Knopf im Ohr ausgestellt sind.

Danach geht es weiter Richtung Norden nach **Heidenheim** ❹, wo man auf jeden Fall das Schloss Hellenstein besuchen sollte, das hoch über der Stadt thront. Wenige Kilometer weiter westlich befindet sich außerdem der Meteorkrater Steinheim, den man auf einem geologischen Rundwanderweg erkunden kann. Den Abschluss der Tour bildet schließlich die alte Stauferstadt **Aalen** ❺, die nicht nur mit einem sehenswerten Limesmuseum, sondern auch mit dem Besucherbergwerk „Tiefer Stollen" aufwartet.

▶ *Tour: Ostalb-Runde.*

Tour: Durch die Mittlere Alb
Die Tour durch das Herz der Schwäbischen Alb beginnt in der Neckarstadt **Tübingen** ❶, die für ihre alte Universität bekannt ist. Nach einem ausgiebigen Rundgang durch die pittoreske Altstadt lohnt sich ein Besuch im Museum Schloss Hohentübingen, bevor man zum nächsten Etappenziel aufbricht.
In **Hechingen** ❷ steht die märchenhaft schöne Burg Hohenzollern, die zu den meist besuchten Sehenswürdigkeiten der Schwäbischen Alb gehört. Bei einer Führung durch die fürstlichen Räume kann man den Prunk und die Pracht des Schlosses aus nächster Nähe betrachten.
Als Kontrastprogramm steht nun die Industriestadt **Balingen** ❸ auf dem Programm, die als ausgezeichneter Ausgangspunkt für Wanderungen auf die Sonnenalb gilt. Nachdem man anschließend noch die schön sanierte Altstadt besichtigt hat, beendet man die Tour im Maschenmuseum in **Albstadt** ❹, das einen spannenden Einblick in die Geschichte der Textilindustrie der Mittleren Alb bietet.

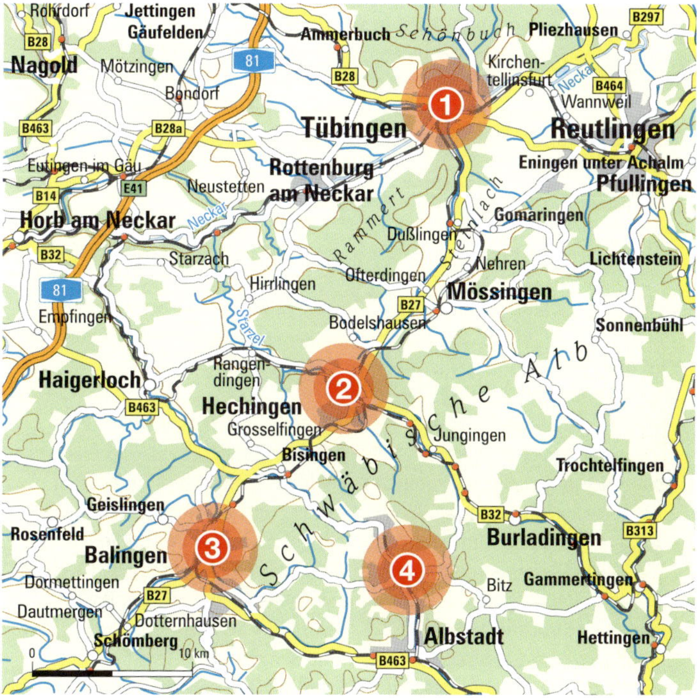

▶ *Tour: Durch die Mittlere Alb.*

Übernachten
Hotels, Wanderheime & Co.

Das Übernachtungsangebot auf der Schwäbischen Alb wird stetig erweitert. Von luxuriösen Hotels in den größeren Städten reicht es über gemütliche Gasthöfe und familiäre Pensionen hin zu einfachen Wanderheimen, die zweckmäßig für Wanderer und Naturliebhaber ausgestattet sind. Vor allem im Sommer empfiehlt es sich, vorher zu reservieren!

Hotels & Gasthöfe

Vor allem in den bekannteren Städten wie Ulm, Tübingen, Aalen, Schwäbisch Gmünd und Reutlingen findet man gehobene Sterneunterkünfte, die auch anspruchsvollen Gästen gerecht werden. Weit verbreitet sind allerdings eher gutbürgerliche Mittelklassehotels, die häufig auf eine lange Tradition zurückblicken und sich im Laufe der Zeit an die gestiegenen Ansprüche der Gäste angepasst haben. Häufig gehören nun Sportmöglichkeiten wie Tennis, Golf und vor allem Wellness zum Angebot. In den historischen Ortszentren oder außerhalb in reizvoller Landschaft sind viele gemütliche Landgasthöfe zu finden, die, liebevoll renoviert, auch heute noch viel traditionelles, historisches Flair versprühen.

Pensionen & Appartements

Außerdem gibt es viele private Vermieter, die einzelne Zimmer oder auch ganze Wohnungen für Feriengäste zur Verfügung stellen – immer öfter gehört dann – ganz nach englischem Bed & Breakfast-Vorbild - auch ein opulentes Frühstück dazu. Vor allem bei Familien mit Kindern beliebt sind die nett eingerichteten Appartements und

Ferienwohnungen, in denen man sowohl genügend Platz zum Spielen als auch die Möglichkeit zur Selbstversorgung hat.

Camping

Über die gesamte Schwäbische Alb verteilt liegen Campingplätze, die fast alle erst in jüngerer Zeit modernisiert oder sogar neu angelegt wurden. Das Spektrum reicht dabei von naturbelassenen Zeltplätzen am idyllischen Waldrand oder an kleinen Seen bis hin zu fast schon luxuriösen Komfortanlagen, die ein umfangreiches Animations- und Freizeitprogramm sowie Einkaufsmöglichkeiten bieten. Wichtig für Hundebesitzer: Gerade in den gut besuchten Sommermonaten sind Hunde auf einigen Campingplätzen nicht erlaubt, deshalb unbedingt vorher informieren.

Wanderheime

Speziell auf Bedürfnisse von Wanderern und Naturfreunden ausgelegt, unterhalten der Schwäbische Albverein und die Naturfreunde über 20 Wanderheime, die sich in der reizvollen Alblandschaft verteilen. Nur einige davon sind wirklich komfortabel zu nennen, die meisten sind eher spartanisch möbliert, aber sehr zweckmäßig ausgestattet.

Jugendherbergen

Etliche Jugendherbergen stehen auf der Schwäbischen Alb Gäste jeden Alters offen, Voraussetzung ist allerdings ein gültiger Jugendherbergsausweis, den man beim Deutschen Jugendherbergswerk erhält (Leonardo-da-Vinci-Weg 1, 32760 Detmold, Tel.: 0 52 31 / 9 93 60, www.jugendherberge.de, Mitglieder bis 26 Jahre 7 €, Mitglieder ab 27 Jahren 22,50 €, Familien 22,50 €). Zwar eher zweckmäßig eingerichtet, offerieren die Jugendherbergen jedoch meist ein breites Sport- und Freizeitprogramm mit Wandertouren, Fahrradverleih oder Wintersportmöglichkeiten. Jugendherbergen befinden sich z. B. in Ellwangen, Aalen, Heidenheim, Göppingen, Bad Urach, Balingen, Sonnenbühl und Sigmaringen.

URLAUB AUF DEM BAUERNHOF

Besonders Familien mit kleineren Kindern gefällt die recht preiswerte Übernachtungsmöglichkeit, die gleichzeitig viele spannende Möglichkeiten eröffnet: Mithilfe beim Heumachen, der Umgang mit Tieren oder auch Ponyausritte gehören bei den Ferien auf dem Bauernhof selbstverständlich dazu.

Urlaub auf dem Bauernhof
Friedrichstraße 41
79098 Freiburg
Tel.: 07 61 / 2 71 33 90
www.urlaub-bauernhof.de

Nützliche Internetlinks

www.schwaebischealb.de
www.buch-den-sueden.de
www.schwaebischer-albverein.de
www.naturfreunde-wuerttemberg.de
www.djh.de
www.camping-lcbw.de

Essen & Trinken

Maultaschen, Spätzle & Co.

Als deftig und bodenständig gilt die schwäbische Küche, die Fleisch, Gemüse und Mehlspeisen bevorzugt. Maultaschen, Spätzle oder Knöpfle macht jede Hausfrau selbst und lässt sie am liebsten in Soße schwimmen! Immer mehr Restaurants besinnen sich auf die regionalen Köstlichkeiten, sodass feine, saisonale Gerichte einen großen Raum auf den Speisekarten einnehmen.

REGIONALE SPEZIALITÄTEN

Linsen mit Spätzle – schwäbisches Nationalgericht, zu dem meist Saitenwürstle gegessen werden
Ochsenmaulsalat – hauchzart geschnittener Rindergaumen, angemacht mit Zwiebeln, Essig und Öl
Bubaspitzle – auch Schupfnudeln genannt, hergestellt aus einem Kartoffel-Mehl-Teig, dazu gibt es Sauerkraut
Saure Kutteln – feine Scheiben des Rindermagens, die in Salzwasser gekocht und mit saurer Soße zu Bratkartoffeln serviert werden
Schwäbischer Wurstsalat – Schwarzwurst, Zwiebeln und Tomaten werden mit Essig und Öl verfeinert

Teigspeisen

Spätzle, Knöpfle und Maultaschen gehören zu den Spezialitäten des Schwabenlands. Die Grundzutat bildet ein Teig aus Mehl, Eiern und Salz, den man mit einem Messer vom Brett in kochende Salzwasser schabt. Wer diese Kunstfertigkeit nicht beherrscht, nimmt einen Spätzlehobel oder -drücker zur Hilfe. Serviert werden die Nudeln dann als Beilage zu Fleisch und Gemüse oder als Kässpätzle mit Emmentaler und gerösteten Zwiebeln. Deutlich größer sind die Hefeknöpfle, die, in Dampf gegart und in Scheiben geschnitten, zu dunklem Fleisch gegessen werden. Das absolute Highlight sind jedoch die selbstgemachten Maultaschen, kleine, mit Fleisch, Käse oder Gemüse gefüllte Teigtaschen, die entweder in Brühe gekocht oder, mit Ei geröstet, zu Salat auf den Tisch kommen.

Fleisch, Innereien & Fisch
Gern gegessen wird ein feiner Zwiebelrostbraten mit Spätzle oder Bratkartoffeln und würzigem Bratensaft. Beliebt sind auch eingemachtes Kalbfleisch mit Weißweinsoße oder gekochte Rinderbrust, die als Siedfleisch zu Kartoffeln mundet. Sehr in Mode gekommen sind mittlerweile Lammgerichte, die gerne mit heimischen Wildkräutern abgeschmeckt werden. Eine lange Tradition haben die für Gäste häufig ungewohnten Innereien wie saure Kutteln, Niere oder geschnetzelte Leber. Besonders in den Flussorten gehören Hecht, Zander und Forellen auf jede Speisekarte – und zwar geräuchert, blau oder nach Müllerin Art.

Vesper & Suppen
Als wichtigste Mahlzeit gilt das Vesper, von den Schwaben „Veschper" ausgesprochen. Ursprünglich als abendliche Brotzeit eingenommen, werden dicke Brotscheiben mit Wurst, Käse und sauren Gurken oder Tomaten heute zu jeder Tageszeit gevespert.
Sehr beliebt sind auch heiße Suppen, allen voran die Flädlesuppe, eine gut gewürzte Brühe mit Pfannkuchenstreifen als Einlage.

PREISNIVEAU

Viertele Wein	ca. 4,00 €
Bier (0,5 l)	ca. 3,00 €
Brezel	ca. 0,60 €
Portion Maultaschen	ca. 8,00 €
Zwiebelrostbraten	ca. 12,00 €

Süßes
Auch süße Leckermäuler finden in der traditionellen schwäbischen Küche viel nach ihrem Geschmack. Als Hauptspeise kommen beispielsweise Dampfnudeln auf den Tisch, die aus Hefeteig zubereitet und mit einer leckeren Vanillesoße gereicht werden. Ursprünglich als Resteverwertung entstanden ist der Ofenschlupfer, ein süßer Auflauf aus in Milch eingeweichten Brötchen, Apfelstückchen, Rosinen, Zucker und Zimt. Zum Dessert lässt man sich Apfelküchle schmecken, in Pfannkuchenteig ausgebackene Apfelringe.

Getränke
Neben den hochwertigen Mineralwassern aus eigenen Quellen, trinkt man auf der Alb gerne Most, ein vergorener, leicht herber Apfel- oder Birnensaft. Sehr beliebt sind die traditionsreichen Biersorten, die in alten Klöstern und Herrschaftshäusern selbst gebraut werden. Als Abschluss einer großen Mahlzeit schmecken süße Obstschnäpse, Edelbrände oder Liköre, die aus heimischen Schlehen, Wachholderblüten oder Hagebutten hergestellt werden.

Sport & Freizeit

Wander- und Freizeitparadies

In der abwechslungsreichen Naturlandschaft mit ihren senkrechten Steilhängen, weiten Hochflächen und windungsreichen Flüssen finden sowohl genussorientierte Freizeitsportler als auch ambitioniertere Sportler viel Raum für sportliche Unternehmungen. Zu den beliebtesten zählen Wandern, Radfahren, Klettern und Kanufahren.

Wandern

Zu den populärsten Sportarten auf der Schwäbischen Alb zählt Wandern. Gut markierte Wegenetze, detaillierte Karten und sehenswerte Ausflugziele wie Höhlen, romantische Burgruinen, pittoreske Kirchen machen Wanderungen zu einem reinen Vergnügen. Zu den schönsten Wegen gehören der Nordrandweg (330 km) am Albtrauf entlang, der Südrandweg (256 km), der Burgenweg (89 bzw. mit Varianten 102 km), der die mittlere Alb quert, und der Zollernweg (224 km), der durch das malerische Laucherttal verläuft. Informative Wandertipps und Angebote für Wanderungen ohne Gepäck gibt es beim Schwäbischen Alb Tourismusverband (Tel.: 0 71 25 / 94 81 96, www.schwaebische-alb.de).

Radfahren

Sehr beliebt sind auch ausgedehnte Radtouren, die wahlweise in den idyllischen Flusstälern, quer über die aussichtsreichen Hochflächen oder entlang der steigungsreichen Hänge führen. Auch Gäste, die ohne eigenes Rad anreisen, können das großzügig ausgebaute Radwegenetz erkunden, da in fast jedem Ort Leifahrräder zur Verfügung stehen. Ein absolutes Highlight für Mountainbiker ist der 350 km lange Alb-Crossing-Trail, der von Aalen am Albtrauf entlang nach Tuttlingen führt und dabei pittoreske Orte, mächtige Burgruinen und lohnenswerte Aussichtspunkte passiert.

Klettern

Mit ihren unterschiedlichen Felsarten ist die Schwäbische Alb eines der schönsten und interessantesten Klettergebiete in Deutschland. Ein absolutes Highlight ist das Obere Donautal zwischen Tuttlingen und Sigmaringen, in dem man an hellen Kalksteinfelsen hoch über dem malerischen Tal klettert. Daneben zählen auch das Blau-, Brenz- und Ermstal zu beliebten Klettergebieten, in denen Routen in allen Schwierigkeitsgraden zu finden sind. Einen Überblick erhält man beim Alpenverein (Tel.: 07 11 / 61 24 30, www.alpenverein-bw.de).

Kanu & Kajak

Herrliche Wassersportreviere sind das Donau-, Brenz- und das Lautertal, die man mit geliehenen Kanus oder bei einer geführten Tour vom Wasser aus erkunden kann. Da viele Abschnitte der Flüsse unter Naturschutz stehen, dürfen die Gewässer nur zu bestimmten Zeiten im Jahr befahren werden.

Luftsport

Immer beliebter wird das Segelfliegen, da die Schwäbische Alb mit dem markant abbrechenden Albtrauf und den weiten Hochflächen als Paradies für Luftsportler gilt. Wer sich selbst einmal gern in die Lüfte schwingen will, kann als Passagier an einem der vielen Segelflugplätze zusteigen. Einen wunderschönen Ausblick auf die faszinierende Naturlandschaft bieten außerdem Ballonfahrten, die von den Touristinformationen vor Ort organisiert werden. Besonders spektakulär ist der Ausflug in die Lüfte im Herbst, wenn die Bäume und Sträucher rotgolden aufleuchten.

Reiten

Die lange Tradition der Reiterhöfe, die quer über die Schwäbische Alb verstreut sind, reicht zurück ins Mittelalter, als eine eigene bäuerliche Pferdezucht gegründet wurde. Heute können sowohl Anfänger als auch Fortgeschrittene die abwechslungsreiche Urlaubsregion im Sattel erkunden, da gut markierte Reitwege durch die idyllischen Wälder und an den glitzernden Flüssen entlangführen. Kutschfahrten können bei den örtlichen Touristinformationen gebucht werden.

Wintersport

Obwohl die Schwäbische Alb kein Hochgebirge ist, gilt sie dennoch als attraktives Revier für Wintersportler. Vor allem Langläufer, aber auch Skifahrer und Snowboarder finden zahlreiche verschneite Hänge, die besonders für Anfänger oder Familien mit kleinen Kindern gut geeignet sind.

Von A bis Z
Praktische Reiseinformationen

Damit der Urlaub von Anfang bis Ende ein voller Erfolg wird, gibt es hier die wichtigsten Informationen, die man für eine Reise braucht. Von A wie Anreise über E wie Ermäßigungen, K wie Klima bis R wie Reisen mit Handicap sind alle wichtigen Adressen und Tipps kurz zusammengefasst und auf das Wesentliche reduziert.

Anreise mit dem Auto

Die wichtigste Nord-Süd-Verbindung, die Urlauber bei der Anreise nutzen, ist die A7, die von Hamburg über Würzburg nach Kempten führt und die Ostalb zwischen Aalen und Ulm tangiert. Am Westrand zieht sich die A81 von Stuttgart über Rottweil und Villingen-Schwenningen zum Bodensee. Wer in ost-westliche Richtung unterwegs ist, nutzt am besten die A8 von Karlsruhe vorbei an Stuttgart nach München.

Zwischen diesen Autobahnen durchzieht ein dichtes Netz an Bundesstraßen die Schwäbische Alb:

B10: Stuttgart–Göppingen–Ulm
B14: Stuttgart–Herrenberg–Rottweil–Tuttlingen–Bodensee
B19: Ulm–Heidenheim–Aalen
B25: Donauwörth–Nördlingen
B27: Stuttgart–Tübingen–Rottweil–Donaueschingen
B28: Kehl–Freudenstadt–Tübingen–Bad Urach–Ulm
B29: Stuttgart–Schwäbisch Gmünd–Aalen–Nördlingen
B32: Hechingen–Gammertingen–Sigmaringen
B297: Lorch–Göppingen–Kirchheim–Nürtingen–Tübingen
B311: Ulm–Riedlingen–Mengen–Meßkirch

B312: Stuttgart–Metzingen–Reutlingen–Zwiefalten–Riedlingen
B313: Nürtingen–Metzingen–Reutlingen–Gammertingen
B463: Balingen–Albstadt–Sigmaringen
B465: Kirchheim–Lenningen–Bad Urach–Münsingen–Ehingen
B466: Nördlingen–Heidenheim–Geislingen an der Steige–Mühlhausen

Anreise mit der Bahn

Von Ulm und Stuttgart, die beide an das ICE-Netz angeschlossen sind, erreicht man über die Regionalbahnen die kleineren Orte auf der Schwäbischen Alb.
Von großer Bedeutung sind folgende Regionalverkehrsstrecken:
Gäubahn: Stuttgart–Horb–Rottweil–Tübingen
Neckar-Gäu-Bahn: Tübingen–Horb–Freudenstadt
Remsbahn: Stuttgart–Schwäbisch Gmünd–Aalen–Ellwangen
Neckar-Fils-Bahn: Stuttgart–Plochingen–Göppingen–Ulm
Neckar-Alb-Bahn: Stuttgart–Plochingen–Reutlingen–Tübingen
Lenninger-Tal-Bahn: Plochingen–Kirchheim–Oberlenningen
Ermstalbahn: Metzingen–Bad Urach
Zollernbahn: Tübingen–Hechingen–Albstadt–Sigmaringen
Donautalbahn: Titisee-Neustadt–Donaueschingen–Tuttlingen–Ulm
Schwarzwald-Baar-Heuberg-Ringbahn: Rottweil–Villingen-Schwenningen–Donaueschingen–Tuttlingen–Rottweil
Schwäbische-Alb-Bahn: Ulm–Blaubeuren–Schelklingen–Münsingen–Kleinengstingen–Gammertingen
Hohenzollerische Landesbahn: Tübingen–Hechingen–Burladingen–Gammertingen–Sigmaringen

FEIERTAGE

Neujahr *(1. Januar)*
Heilige Drei Könige *(6. Januar)*
Karfreitag
Ostersonntag
Ostermontag
Tag der Arbeit *(1. Mai)*
Christi Himmelfahrt
Pfingstmontag
Fronleichnam
Mariä Himmelfahrt *(15. August)*
Tag der Deutschen Einheit *(3. Oktober)*
Allerheiligen *(1. November)*
Weihnachten *(25. und 26. Dezember)*

Anreise mit dem Flugzeug

Der nächste internationale Flughafen ist in Stuttgart, der selbstverständlich an das Bahn- und Busnetz der Schwäbischen Alb angebunden ist. Etwas weiter entfernt befindet sich der Flughafen in Zürich (Schweiz), von dem aus die Westalb relativ schnell zu erreichen ist.

Auskunft

Schwäbische Alb Tourismusverband
Marktplatz 1
72574 Bad Urach
Tel.: 0 71 25 / 94 81 06
www.schwaebischealb.de

Internetadressen

Unter folgenden Adressen gibt es im Internet wertvolle Tipps für einen gelungenen Urlaub auf der Schwäbischen Alb:

www.zollernalb.com – Touristikgemeinschaft der Region Zollernalb.

www.oberes-schlichemtal.de – Wandertipps und mehr im Oberen Schlichemtal.

www.mythosschwalb.de – Informationen rund um die Mittlere Alb.

www.stauferland.de – Wanderungen und weitere Touristeninfos über die Stauferalb.

www.schwaebische-ostalb.de – Touristikgemeinschaft der Ostalb.

www.baedergemeinschaft.de – Zusammenschluss der Kurorte Bad Boll, Bad Überkingen und Bad Ditzenbach.

www.naturpark-obere-donau.de – Alles Wissenswerte rund um den Naturpark Obere Donau.

www.tourismus.alb-donau-kreis.de – Informationen über die Region zwischen Ulm, Ostalb und Donau.

Klima und Reisezeit

Die Schwäbische Alb und ihr Vorland zeigen sich zu jeder Jahreszeit von einer faszinierenden Seite. Im Frühjahr beeindrucken die blühenden Streuobstwiesen in den geschützten Flusstälern, die zu Wanderungen und Ausflügen einladen. Im Sommer flüchtet man gerne vor der drückenden Hitze im Flachland und in den größeren Städten in die höheren Lagen der Alb, die dann ein Paradies für Freizeitsportler sind. Vorsicht ist jedoch bei längeren Ausflügen geboten, da in der heißen Jahreszeit überraschende

KLIMADIAGRAMM Tübingen (370 m ü. NN)

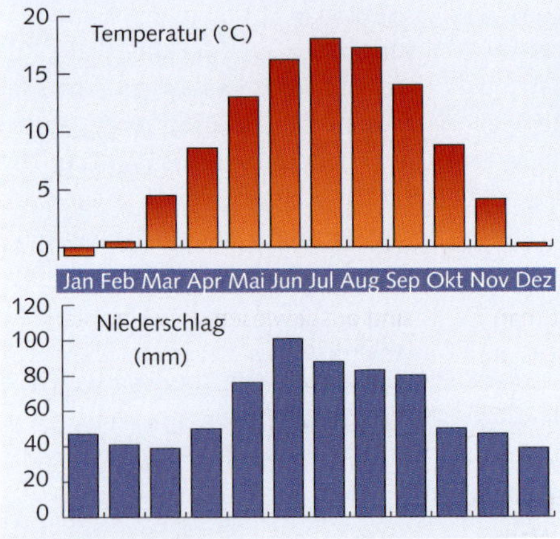

Monat	°C	mm
Jan	-0,7	47
Feb	0,5	41
Mar	4,5	39
Apr	8,6	50
Mai	13,0	76
Jun	16,2	101
Jul	18,0	88
Aug	17,2	83
Sep	14,0	80
Okt	8,8	50
Nov	4,1	47
Dez	0,3	39
Jahr	**8,7**	**741**

Gewitter mit Hagelschauern aufziehen können. Mit dem kristallblauen Himmel und den bunt gefärbten Wäldern zeigt sich der Herbst auf der Alb von seiner schönsten Seite. Die milden Temperaturen, die oft bis Ende Oktober anhalten, ein häufig strahlend blauer Himmel mit weiter Fernsicht und die zahlreichen Besenwirtschaften, die zur gemütlichen Brotzzeit einladen, sind perfekt für ausgedehnte Wanderungen und Mountainbiketouren. Im Winter ist das Wetter auf der Hochfläche oft deutlich besser als in den nebelverhangenen Tälern. Von den weiß verschneiten Bergrücken bietet sich dann häufig ein wunderschöner Fernblick bis zu den Alpen, während man als Spaziergänger oder Langläufer unterwegs ist.

Notrufnummern

Polizei, Tel.: 1 10
Feuerwehr, Notruf, Tel.: 1 12
Pannendienst ADAC, Tel.: 01 80 / 2 22 22 22
Geldkartensperrung, Tel.: 11 61 16
Giftnotrufzentrale, Tel.: 05 51 / 1 92 40

Preise & Vergünstigungen

Die Preise auf der Schwäbischen Alb liegen im nationalen Durchschnitt. Für ein Doppelzimmer zahlt man im Schnitt ca. 50 €, etwa die Hälfte kostet ein mehrgängiges Menü in einem der zahlreichen Restaurants. Viele Kurorte erheben außerdem eine Kurtaxe, die meist wenige Euro beträgt und zur Pflege der Wanderwege, Kurparks usw. verwendet wird. Mit der OstalbCard erhalten Besucher freien Eintritt auf verschiedene Freizeitangebote, darunter z. B. das Besucherbergwerk Tiefer Stollen in Aalen oder das Steiffmuseum in Giengen. Nähere Informationen zur OstalbCard gibt es bei den örtlichen Touristinformationen. Für Erwachsene kostet die Karte 19 €, für Kinder 10 €.
Ähnlich funktioniert die Tourist-Regio-Card in den Landkreisen Reutlingen, Tübingen und Zollernalb, die man als Übernachtungsgast kostenlos erhält. Mit der UlmCard darf man Busse und Bahnen der Stadt kostenlos nutzen, in zahlreichen Museen und sonstigen Attraktionen gibt es außerdem ermäßigten Eintritt. Während die blaue UlmCard für 12 € einen Tag lang gilt, kann die grüne UlmCard für 18 € zwei Tage lang genutzt werden.

Reisen mit Handicap

Zwar sind noch nicht alle, aber immer mehr der öffentlichen Einrichtungen, Ladenpassagen, Bahnhöfe und Sehenswürdigkeiten behindertengerecht ausgestattet. Vor allem in den Kurorten sind die meisten Gebäude barrierefrei zugänglich, Behindertenparkplätze sind ausgewiesen. In vielen stark frequentierten Museen stehen außerdem Audioguides und moderne Hilfstechnik zur Verfügung. Auskünfte zu behindertengerechten Unterkünften erteilen die lokalen Touristinformationen.

Geschichte
Höhlenfunde und Kaiser

Bis in die tiefste Urzeit reicht die lange Geschichte der Schwäbischen Alb zurück, wie Knochen- und Kulturfundstücke in verschiedenen Albhöhlen belegen. Aus dem Mittelalter stammen die zahlreichen romantischen Burgen und prächtigen Schlösser, welche die Kaisergeschlechte der Staufener und Hohenzollern errichten ließen.

Vor 35.000 Jahren
Rentierjäger ziehen in der Altsteinzeit über die Schwäbische Alb und finden in den Höhlen Unterschlupf.

100 n. Chr.
Am Limes entlang erbauten die Römer Kastelle in Aalen und Heidenheim. Wenig später folgten alamannische Siedler aus dem Norden.

11.–13. Jh.
Nach der Gründung ihrer Stammburg auf dem Hohenstaufen im Jahr 1070 bauten die Staufer 1150 Schwäbisch Gmünd und 1246 Aalen zur Stauferstadt aus.

1377
Der Grundstein des Ulmer Münsters wird gelegt.

1441
Zwischen den beiden Brüdern Ulrich und Ludwig wird das Land Württemberg geteilt. Ulrich lässt sich in Stuttgart nieder, Bad Urach wird von Ludwig zum Residenzsitz ernannt.

1525
Unter den Bauernkriegen wird die Burg Hohenstaufen niedergebrannt und das Kloster Zwiefalten geplündert.

1563
70 als Hexen beschuldigte Frauen werden auf dem Scheiterhaufen in Wiesensteig verbrannt.

1575
Begründung der drei Hohenzollernlinien Haigerloch, Hechingen und Sigmaringen.

1618–1648
Der Dreißigjährige Krieg zieht verheerende Zerstörungen nach sich.

17. Jh.
Beginn der Eisenverhüttung im Brenztal, Aalen und Wasseralfingen.

1802–1810
Die zersplitterten Kleinstaaten werden aufgelöst und das Königreich Württemberg sowie das Großherzogtum Baden gegründet.

1847–1850
Bau der Eisenbahnstrecke an der Geislinger Steige.

1933–1945
Über 10.000 Menschen werden im KZ Grafeneck bei Reutlingen Opfer der Nationalsozialisten.

1952
Zusammenschluss der drei Länder Württemberg-Hohenzollern, Württemberg-Baden und Südbaden zum Bundesland Baden-Württemberg.

2002
Die Schwäbische Alb wird mit dem Prädikat „Nationaler Geopark" ausgezeichnet.

2004/05
Auflösung des Bundeswehrstandortes Münsingen.

2005
Der Limes wird zum UNESCO-Weltkulturerbe ernannt.

2008
Einrichtung des Biosphärenreservats Schwäbische Alb.

► *Im Zwiefalter Münster.*

Kunst & Kultur

Burgen, Klöster & Dialekt

Die lange Siedlungsgeschichte der Schwäbischen Alb spiegelt sich in ihrer Vielfalt an verschiedenen kulturellen Sehenswürdigkeiten wider. Während alte Grabungsanlagen an die Zeiten der Kelten, Römer und Alamannen erinnern, entstanden im Mittelalter unzählige Kirchen, Klöster und Burgen, die auch heute noch viel von ihrem prachtvollen Charme versprühen.

Kelten, Römer & Alamannen

An die Zeit der Kelten, deren Stammland in Westfrankreich war, erinnern z. B. die Flussnamen Neckar und Rems. Aus dieser Epoche stammt auch der sogenannte Heidengraben, wie die ehemalige keltische Siedlung auf der Albhochfläche heute genannt wird. Mit dem Eindringen der Römer endete die keltische Kultur auf der Schwäbischen Alb im 1. Jh. n. Chr. Der Limes verdeutlicht bis heute die Grenze, die das Römische Reich einst hatte. Kastelle und Wachttürme reihten sich hier aneinander, in deren Umland häufig Siedlungen entstanden, wie z. B. in Aalen oder Hechingen. Nachdem das Imperium im 3. Jh. die nördlich der Donau liegenden Provinzen aufgab, rückten die germanischen Alamannen nach, die den Kulturraum besiedelten. Aus dieser Zeit stammen die zahlreichen Stadtendungen „-ingen", während von den eigentlichen Siedlungen und Kulturformen fast nichts mehr zu entdecken ist.

Klöster & Kirchen

Mit dem Ausbreiten des Christentums durch das Vordringen der Franken ab dem 8. Jh. begann der Bau unzähliger, schöner romanischer Kirchen und Kapellen, die häufig mit herrlichen Wandmalereien geschmückt wurden. In die Zeit der Gotik und des Barocks fallen die imposanten, großräumigen Gotteshäuser und Klöster, wie z. B. die Stiftskirche in Tübingen, das Münster in Schwäbisch Gmünd, die Schlosskirche in Haigerloch oder das Kloster Neresheim. Als herausragende Sakralkunst gilt außerdem das Ulmer Münster, dessen Kirchturm als höchster der Welt gilt.

Burgen & Schlösser

Auf markanten Felsspornen, ganz oben auf Bergkegeln oder im waldreichen Tal stehen die imposanten Burgen und Schlösser, die auf der Schwäbischen Alb im Laufe der Jahrhunderte entstanden. Mit ihren zahlreichen, mächtigen Festungen zählt die Region zu den burgenreichsten in ganz Deutschland. Krönende Symbole der Macht sind die beiden Schlösser Lichtenstein und Hohenzollern, die wie zwei Märchenschlösser an die prunkvolle Vergangenheit erinnern.

Berühmte Persönlichkeiten

Eine ganze Reihe bedeutender Personen hat auf der Schwäbischen Alb eine wichtige Rolle gespielt. Aus Ulm stammt der Physiker Albert Einstein, der 1921 den Physik-Nobelpreis erhielt. In Kirchheim unter Teck wurde der Ingenieur und Schriftsteller Max von Eyth geboren, der als begnadeter Tüftler die ganze Welt bereiste, bevor er sich der Kunst widmete. Im 13. Jh. stieg der Stauferkönig Friedrich I. Barbarossa, der auf der Burg Hohenstaufen regierte, zum Kaiser des Heiligen Römischen Reiches Deutscher Nation auf. Aus Laufen am Neckar stammt der Dichter Friedrich Hölderlin, der weltberühmte lyrische Werke verfasste. Am Tübinger Stift studierte der Pfarrer und Dichter Eduard Mörike, der zu den bedeutendsten Dichtern der Spätromantik gezählt wird. Nicht nur der Musik, sondern auch dem Schriftstellertum widmete sich Christian Friedrich Daniel Schubart, der als Kapellmeister am württembergischen Hof arbeitete und später am Hohenasperg gefangen gehalten wurde.

SCHWÄBISCH – DEUTSCH

alloa – alleine
äbbes - etwas
awa – ach was
batscha - klatschen
Bobbes - Hintern
doobleiba - dableiben
drebbla – treten
eikehra – ins Restaurant gehen
Griffl – Finger
guad - gut
gwea – gewesen
ha noi – nein
heilandzack – verdammt
kreisznarred – sehr wütend
oimol – einmal
Reigschmeggter – neu Zugezogener
Schdiaga – Treppen
uff'd Gass – raus gehen
verstohsch? – Verstehst du?
Weggle – Brötchen

Feste & Feiern

Fasnet & Stadtfeste

Das ganze Jahr über wird auf der Schwäbischen Alb gern gefeiert. Los geht es mit der Fasnet, der im Frühjahr und Sommer Stadtfeste, Gauklertreffen, Musikfestivals und die traditionellen Schäferläufe folgen, bevor der Herbst mit Erntedank- und Weinfesten Einzug hält – bis das Festjahr schließlich mit romantischen Weihnachtsmärkten ausklingt.

▶ *Fischerstechen in Ulm.*

Alemannische Fasnet

Mit der fröhlichen Karnevalfeierei hat die schwäbisch-alemannische Fasnet nicht viel gemeinsam. An Dreikönig beginnt der alte Brauch des Winteraustreibens, die sogenannte fünfte Jahreszeit. Spätestens am „schmotzigen Dooschtig", dem Donnerstag vor Fastnacht, ist der Teufel los in den Hochburgen wie Schömberg oder Rottenburg. Besonders gefährdet sind dann Krawattenträger, denen die Narren und Hexen, die die Macht in der Stadt übernehmen, diese als Trophäen abschneiden. Jedes Dorf hat außerdem seine eigenen Narrenzünfte, die an verschiedenen Farben, Masken und Schellen zu erkennen sind. Ein tolles Erlebnis sind die farbenfrohen Umzüge, die immer am Fasnetsonntag stattfinden. Ein Ende findet das lustige Treiben schließlich am Fasnetdienstag, wenn die Narren bei Einbruch der Dunkelheit und Geheul und Wehklagen eine Strohpuppe verbrennen.

Konzerte

Zu den bekanntesten Konzerten der Schwäbischen Alb gehören neben dem Aalener Jazzfest, bei dem auch internationale Größen auftreten, die Heidenheimer Opernfestspiele und

▶ *Die Narrenzunft Vetter Guser Sigmaringen.*

FESTE IM JAHRESKREIS

Februar

- Die alemannische „Fasnet“ versetzt besonders Rottenburg, Sigmaringen und Schömberg in einen Ausnahmezustand
- Beim „Guggenmusikertreffen“ in Schwäbisch Gmünd trifft sich alles, was Krach macht und schräg klingt
- „Pferdemarkt“ in Geislingen an der Steige

Mai

- Am ersten Maiwochenende lockt der „Maimarkt“ mit Karussells und Festzelt nach Pfullingen
- Historischer Umzug am „Maientag“ in Göppingen
- Alle zwei Jahre findet in Heidenheim der traditionelle „Schäferlauf“ mit Wettrennen der Schäfer statt

Mai/Juni

- Das „Nebelhöhlenfest“ findet seit 1803 statt, als der Kurfürst Friedrich I. von Württemberg die Höhle besuchte
- Nicht nur Kinder feiern auf dem „Kinderfest“ in Giengen, das mit einem großen Festumzug und Jahrmarkt aufwartet

Juni

- Rund um die Johanniskirche wird beim „Stadtfest“ in Schwäbisch Gmünd gefeiert
- In bunten Kostümen treiben die Teilnehmer des „Stocherkahnrennens“ in Tübingen auf dem Neckar
- Spielzeugfans und Tüftler kommen beim „Märklin-Modellbahntreff“ alle zwei Jahre in Göppingen zusammen
- Feuerwerk gibt es beim „Neckarfest“ in Rottenburg

► *Bunter Osterschmuck in Aalen.*

die Konzerte im Brenzer Schloss. Ein besonderes Erlebnis sind auch die prunkvollen Schlosskonzerte, die z. B. in Ellwangen, Gammertingen, Haigerloch und Wiesensteig stattfinden. Daneben beeindrucken auch zahlreiche Kirchen- und Klosterkonzerte, so beispielsweise in Neresheim, Reutlingen, Rottenburg, Schwäbisch Gmünd und Zwiefalten.

Schäferlauf

Seit über 275 Jahren finden in Bad Urach und Heidenheim die traditionellen Schäferläufe statt, die heute mit historischen Festumzügen, Volkstänzen und Wettläufen begangen werden. Eine tolle Schau ist der Bechertanz, bei dem vier Paare unter einem vollen Wasserbecher tanzen. Nach dem Umkippen des Bechers gewinnt das Tanzpaar, bei dem die Tänzerin ihren Partner so in die Höhe stemmen kann, dass er nicht nass wird. Eine andere Variante, den Hahnenkampf, gibt es in Heidenheim. Hier tanzen mehrere

Paare zu Marschmusik im Kreis, an die in regelmäßigen Abständen Fähnchen verteilt werden. Wer beim Schrei des Hahnes die Fähnchen in der Hand hält, gewinnt den Tanz.

Weihnachtsmärkte

Nahezu in jedem Ort werden ab dem ersten Advent Buden aufgebaut und Lichterketten gespannt, um die festliche Vorweihnachtszeit zu begrüßen. Zwischen Glühwein- und Lebkuchenduft schlendert man dann, warm eingepackt, durch die romantischen Weihnachtsmärkte, die größten davon sind in Tübingen, Ulm und Reutlingen.

► *„Nabada" auf der Donau in Ulm.*

FESTE IM JAHRESKREIS

Juni/Juli

- Heavy-Metal-Fans treffen sich beim Musikfestival „bang your head" in Balingen

Juli

- Laut und farbenfroh geht es beim „Schäferlauf" in Bad Urach zu, der alle zwei Jahre stattfindet
- „Opernfestspiele" in Heidenheim
- „Schwörmontag" in Ulm mit Musik und Festmeile in der Altstadt, außerdem paddeln Teilnehmer beim „Nabada" in Zubern, alten Kähnen und kunstvoll geschmückten Booten die Donau hinab
- „Fischerstechen", nasse Gaudi auf der Donau in Ulm

Juli/August

- „Kinderfest" in Geislingen mit Umzügen und Jahrmarkt
- „Festival der europäischen Kirchenmusik" in Schwäbisch Gmünd

August

- Spektakuläre Flugshow beim „Flugtag auf dem Degerfeld" in Albstadt-Tailfingen

September/Oktober

- Die „Hengstparade" im Gestüt Marbach lockt Pferdefreunde aus aller Welt an
- Rund um Kammermusik dreht sich alles auf den „Herbstlichen Musiktagen" in Bad Urach

November

- „Aalener Jazzfestival" mit nationalen Stars und Nachwuchskünstlern
- „Internationale Theatertage" in Göppingen

Dezember

- Weihnachtsmärkte in vielen Städten, besonders schöne gibt es in Hechingen, Tübingen und Ulm

Natur & Umwelt

Tropfsteinhöhlen & Wachholderheiden

Abwechslungsreich zeigt sich die Natur der Schwäbischen Alb mit ihren faszinierenden Höhlen, Quelltöpfen und Fossilienfunden. Während Schafherden über die weiten Wacholderheiden ziehen, sind in den bunten Laubwäldern Vögel und Rotwild heimisch. Dazwischen trifft man auf spektakuläre Meteoriteneinschläge und den Schwäbischen Vulkan.

Naturraum

Als Teil des Südwestdeutschen Schichtstufenlandes erstreckt sich die Schwäbische Alb in einem weiten Bogen vom Hochrhein bei Schaffhausen bis zum Nördlinger Ries. Das von Norden nach Süden zur Donau hin sanft abfallende Gebirge misst an seiner breitesten Stelle ca. 80 km und fällt zum Neckar hin jäh am markanten Albtrauf ab.

Jurameer

Vor etwa 200 Mio. Jahren, im Erdmittelalter, war die gesamte Region Teil einer ausgedehnten Senkungszone, die vom sogenannten Jurameer bedeckt wurde. Das flache, warme Meer bildete einen optimalen Lebensraum für verschiedene Saurier- und Fischarten, sowie wirbellose Tiere und Seelilien. Im Laufe der Zeit verflachte das Jurameer immer mehr, sodass das Gebiet vor etwa 150 Mio. Jahren zu Festland wurde. Fossilienfunde erinnern heute an den maritimen Lebensraum.

Tertiär

Im Zeitalter des Tertiärs, das vor rund 70 Mio. Jahren begann, fand nicht nur die Auffaltung der Alpen statt, sondern auch der Oberrheingraben brach auf. Durch die unruhigen Erdbewegungen wurden außerdem die abgelagerten Gesteinsschichten schräggestellt und emporgehoben – im Südwesten auf ca. 1.000 m ü. NN, im Nordosten auf 700 m ü. NN.

Jura

Mächtige Kalk-, Ton- und Mergelschichten bilden das typische Juragestein, aus dem die Schwäbische Alb aufgebaut ist. Je nach vorherrschender Farbe werden die Schichten in den Schwarzen, Braunen und Weißen Jura unterteilt. Aus dunklen Kalken, Tonen und Mergel besteht der Schwarze Jura (Lias), dessen bekannteste Form die Ölschieferschichten sind, die nahe der Erdoberfläche auftreten und reich an Fossilien sind. Weiter unten sind schwere, fruchtbare Lehmböden zu finden. Der Braune Jura (Dogger)

Fels im Eselsburger Tal.

GEOPARK SCHWÄBISCHE ALB

Seit 2002 trägt die Schwäbische Alb den Titel „Nationaler Geopark“, den sie wegen ihrer geografischen, geologischen und paläontologischen Vielfalt erhielt. Zum Kernbereich des Parks gehören das Uracher Vulkangebiet, der Meteoritenkrater bei Steinheim und zahlreiche Fossilienfundstellen. In besonders geschützten Gebieten, wie z. B. dem Eselsburger Tal oder dem Torfmoor, gelten strenge Verhaltensregeln, um die Natur zu bewahren.

Geopark Schwäbische Alb e. V.
Von der Osten Straße 4, 6
72525 Münsingen
Tel.: 0 73 81 / 50 15 75
www.geopark-alb.de

setzt sich dagegen aus feinsandigen Tonen zusammen, zwischen denen Kalk- und Eisensandsteinschichten eingezogen sind. Letztere wurde z. B. als Baustein beim Ulmer Münster verwendet und war örtlich so eisenhaltig, dass sich sogar der Bergbau lohnte. Überwiegend aus hellem Kalk besteht der Weiße Jura (Malm), welcher beispielsweise im Bereich des Albtraufs an die Oberfläche tritt.

Vulkanismus

Im jüngeren Tertiär entstand im Bereich der mittleren Alb der Schwäbische Vulkan in der Nähe von Bad Urach, der allerdings nur leicht aktiv war, da die Glut als Basalt in der Tiefe stecken blieb. Etwas später setzte auch weiter südlich

Vulkanismus ein, von dem die beiden Reihen der Hegau-Vulkane zeugen. Als Folgeerscheinungen des Vulkanismus treten die zahlreichen Thermalwasserquellen auf, die als kohlensäurehaltiges Mineralwasser heute für Kureinrichtungen genutzt werden.

Karsthöhlen

Als Karst wird das wasserdurchlässige Kalkgestein bezeichnet, das die Oberfläche der Schwäbischen Alb überzieht. In den Rissen, Spalten und Klüften sammelt sich das eindringende Regenwasser, das durch die Luft leicht mit Kohlensäure angereichert wurde. Dieses leicht säurehaltige Wasser löst den Kalk im Untergrund weiter auf und vergrößert so die Hohlräume, bis sie sich zu faszinierenden Höhlen entwickeln. Dort, wo das Wasser in die Höhlen tropft, wird der gelöste Kalk wieder ausgeschieden und sammelt sich als Tropfstein an. Stalaktiten werden dabei die von oben nach unten wachsenden Tropfsteine genannt, während Stalagmiten vom Boden aus nach oben wachsen. Eine Besonderheit sind sogenannte Orgelpfeifen, bei denen Stalagmiten und Stalaktiten miteinander verwachsen.

Flora

Obwohl die Alb als recht karger Lebensraum gilt, finden hier zahlreiche Tierarten einen Platz zum Nisten und Rasten. Vor allem Vögel kann man mit etwas Glück bei einer Wanderung entdecken, wie z. B. Amseln, Spatzen, Meisen, Finken, aber auch Spechte, Krähen und Elstern. Aufmerksame Beobachter treffen auf Eichelhäher, Bussarde, Habichte und den Kuckuck, der oft schon in den frühen Morgenstunden zu hören ist. Die dichten Waldgebiete bieten Rehen, Füchsen, Hasen, Dachsen und Wildschweinen einen geschützten Lebensraum. An Tümpeln und kleinen Bachläufen sieht man außerdem Frösche und Kröten, während die sonnigen Felsgebiete einen Rückzugsort für Kreuzottern, Blindschleichen und Ringelnattern bilden.

▶ *Höhleneingang im Lonetal.*

▶ *Die Falkensteiner Höhle bei Grabenstetten.*

Fauna

Die typische Waldform am Albtrauf und auf der Hochfläche ist der Buchenmischwald, der aus Eichen, Ahorn, Ulmen, Linden und Eschen besteht. In niederschlagsreicheren Gebieten finden sich auch größere Nadelwaldbestände mit Fichten und Douglasien. Als typische Strauchvegetation sind Schlehen, Weißdorn, Haselnuss, Mehl- und Vogelbeeren weit verbreitet. Auf den sonnenbeschienenen Hängen gibt es die weitläufigen Wacholderheiden mit Disteln und Trockengräsern, auf denen Schafherden als natürliche Rasenmäher fungieren.

Quelltöpfe

Auf der Donauseite der Alb steigt das durch den Karstboden sickernde Wasser wieder sprudelnd als Quelle nach oben. Bekannt sind die Quelltöpfe von Lauter, Blau, Brenz, Ach und Lone, aus denen glitzerndes blau-grünes Wasser sprudelt. Besonders eindrucksvoll ist die Zeit kurz nach der Schneeschmelze, wenn die Quellen etwa achtzigmal mehr Wasser fördern als normalerweise.

BIOSPHÄRENRESERVAT

Da die Schwäbische Alb als großräumiger Kulturraum mit einer reichen Naturausstattung gilt, wurde sie als Biosphärenreservat ausgezeichnet und zeigt modellhaft die gemeinsame Entwicklung von Ökologie, Ökonomie und Sozialem.
Vom Albvorland erstreckt sich das Gebiet über den Albtrauf und die Hochfläche bis hin zur Donau. Markante Alleinstellungsmerkmale des Biosphärenreservats sind dabei die Hangwälder am Albtrauf, die Streuobstwiesen, die abwechslungsreiche traditionelle Kulturlandschaft mit ihren Wacholderheiden, Magerrasen und Wiesen, wie sie z.B. auf dem ehemaligen Truppenübungsplatz Münsingen zu finden sind.

Biosphärengebiet Schwäbische Alb
Von der Osten Straße 4, 6 (Altes Lager)
72525 Münsingen
Tel.: 0 73 81 / 93 29 38 10
www.biosphaerengebiet-alb.de

Meteoriteneinschläge

Zwei spektakuläre Vorfälle ereigneten sich vor etwa 15 Mio. Jahren, als einmal im Nördlinger Ries und bei Steinheim zwei Meteoriten einschlugen, die jegliches Leben im Umkreis zerstörten. Auch heute noch sind die mächtigen Kraterränder deutlich in der Landschaft zu erkennen.

Obere Donau

Flussromantik im Naturpark

In großen Schlingen windet sich die Donau vorbei an bis zu 200 m hohen Felswänden – ein Paradies für Kletterer und Kanuten. Von den strahlend weißen Kalktürmen, die zwischen den bewaldeten Hängen aufblitzen, haben Wanderer einen wunderbaren Ausblick auf die Postkartenromantik des einzigartigen Flusstals.

▶ SIGMARINGEN

16.300 Einwohner

Am Südrand der Schwäbischen Alb, an einer wunderschönen Weitung der Donau, liegt das einstige Residenzstädtchen Sigmaringen, das 1806 zur Hauptstadt des souveränen Fürstentums Hohenzollern-Sigmaringen ernannt wurde. Das Wahrzeichen der Stadt ist das **Fürstenschloss**. Auf einem Felssporn über dem Fluss thront das prächtige Gebäude, das sich aus einer trutzigen Mittelalterburg unter den Fürsten in ein wahres Märchenschloss verwandelt hat. In den prachtvoll ausgestatteten Räumen sind heute die größte private Waffensammlung, alte Kutschen, archäologische Fundstücke und eine Kunstsammlung süddeutscher Werke zu sehen (Karl Anton Platz 8, Tel.: 0 75 71 / 72 92 30, Anfang April – Ende Okt. tgl. 9–18 Uhr, Anfang Nov.–Ende März tgl. 10–16 Uhr, Erwachsene 9 €, Kinder 6–17 Jahre 5 €, www.schloss-sigmaringen.de).
Die Ursprünge des wichtigsten Sakralbaus der Stadt, der **Kirche St. Johannes Evangelist,** stammen aus dem 13. Jh. Beeindruckend zeigen sich ihr Langhaus, das im 18. Jh. angebaut wurde, sowie die wertvollen Stuckarbeiten und Malereien im Inneren. Einen Besuch lohnt auch die **Josefskapelle** auf

dem gleichnamigen Berg, die 1629 erbaut wurde. Ein herrlicher Blick auf die Stadt und das Schloss lässt sich von dort genießen.
Im **Runden Turm**, einem Teil der ehemaligen Stadtbefestigung, befindet sich heute das Heimatmuseum, das über die Geschichte des Ortes informiert (Antonstraße 22, Tel.: 0 75 71 / 6 29 74, Sa, So und feiertags 14–17 Uhr, Juli–Okt. auch Mi, Eintritt frei).

ESSEN & TRINKEN

Familiär

Hotel Restaurant Traube
Fürst-Wilhelm-Str. 19, Sigmaringen
Tel.: 0 75 71 / 6 45 10
www.hotel-traube-sigmaringen.de
In dem denkmalgeschützten Fachwerkhaus von 1722 herrscht eine heimelige Atmosphäre, in der man gutbürgerliche Küche mit schwäbischen Spezialitäten genießt. Tgl. geöffnet.

In Donaunähe

Restaurant ERNESTO
In der Vorstadt 10/4, Sigmaringen
Tel.: 0 75 71 / 74 99 66
Italienische Küche in angenehmem Ambiente. Täglich wechselnde Mittagskarte und leckere Holzofenpizza. Vegange Tage. Mit Terrasse. Di Ruhetag.

Familienfreundlich

Café-Restaurant Bootshaus
In den Burgwiesen 9, Sigmaringen
Tel.: 0 75 71 / 7 47 45 64

▶ *Schloss Sigmaringen.*

www.bootshaus-sigmaringen.de
Im idyllischen Ausflugsrestaurant direkt an der Donau lockt im Sommer ein lauschiger Biergarten mit rund 200 Sitzplätzen. Das einzigartige begrünte Sonnendeck bietet eine tolle Aussicht auf das Hohenzollernschloss. Herzhafte Speisen, die stets frisch, mediterran, heimatlich und in bester Qualität sind. Täglich geöffnet.

SPORT & FREIZEIT

out & back Erlebnis-Camp
Georg-Zimmerer-Straße 6
Sigmaringen
Tel.: 0 75 71 / 5 04 11
www.erlebnis-camp.de
Action pur verspricht das Erlebnis-Camp an der Donau mit seinen zahlreichen Attraktionen: Hochseilgarten, Kletterwand, Riesenschaukel und Sprungstamm warten auf mutige Besucher. Hochseil-Kletterpark Anfang März – Ende Okt. Sa, So + Feiertage 11 – 18 Uhr geöffnet.

SERVICEINFO

Tourist-Info
Leopoldplatz 4
72488 Sigmaringen
Tel.: 0 75 71 / 10 62 24
www.sigmaringen.de
tourismus@sigmaringen.de

▶ STETTEN AM KALTEN MARKT

5.100 Einwohner

Zwischen dem Donautal und dem Schmeiental liegt die Gemeinde Stetten a. k. M. in 768 m ü. NN auf dem Südost-Ausläufer des Großen Heubergs. Es ist wohl dem bemerkenswerten Spürsinn der Vorfahren für besiedlungsfähige Stellen auf der „kalten Alb" zu verdanken, dass sie sich über die Talträufe hinauf an die Grenze (Mark) zu einer Außenstation (Stetten) mit Waldweideflächen (Heu) tasteten.
Die historische Substanz der Epoche der Herren von Hausen im 16 Jh., wie z. B. das um 1550 errichtete Schloss – das heutige Rathaus – oder die Pfarrkirche St. Mauritius mit dem Turm aus dem 13. Jh., verleiht der Gemeinde einen hübschen Ortskern. Auch verdient die im 17. Jh. als Wallfahrtsstätte errichtete **Dreitrittenkapelle** einen Besuch, die bereits auf dem Gebiet des Truppenübungsplatzes steht, aber frei zugänglich ist.
Auf dem **Naturlehrpfad** mit 41 Stationen kann man entlang der Wegstrecke die einzigartige Flora und Fauna der Hochebene der Schwäbischen Alb erkunden.
Zum Wandern lädt das romantische **Schmeiental** ein, das östlich von Stetten in großen Schleifen Richtung Donau verläuft. Zahlreiche Rundwanderwege halten zudem grandiose Aussichtspunkte ins Donautal bereit, beispielsweise vom Mühlefelsen oder dem Schaufelsen.

SERVICEINFO

Touristinformation
Rathausplatz 1
72510 Stetten am kalten Markt
Tel.: 0 75 73 / 95 15 24
www.stetten-akm.de

▶ *Die Klosteranlage von Beuron.*

▶ BEURON

700 Einwohner

Mitten im wildromantischen Oberen Donautal liegt der bekannte Klosterort, dessen Geschichte bis ins 11. Jh. zurückreicht. 1669 fand die erste Wallfahrt statt, nach der das Kloster wenig später zur Abtei erhoben wurde. Heute leben etwa 50 Benediktinermönche in der sehenswerten **Klosteranlage**, deren ursprünglich romanischer Stil im 17. Jh. durch den Anbau der Seitenflügel und der Klosterkirche barock umgestaltet wurde. Im Inneren der Kirche beeindrucken wertvolle Deckengemälde mit Fresken, stuckbesetzte Altäre und eine große Orgel, die bei zahlreichen Kirchenkonzerten erklingt. Erst im 19. Jh. wurde die Gnadenkapelle errichtet, zu deren Ausstattung neben einem Gnadenbild auch orientalisch angehauchte Malereien gehören. Da von der Anlage nur die Klosterkirche zu besichtigen ist, informiert ein Filmvortrag über das Leben der Mönche in der Benediktinerabtei. In der Bibliothek sind außerdem ein Bibelmuseum und eine naturkundliche Sammlung untergebracht, die Besucher bis in die Steinzeit zurückführen (Abteistraße 2, Tel.: 0 74 66 / 1 71 75, Klosterkirche tgl. 5–20 Uhr, Filmschau und Museum nach Anfrage, Eintritt frei, www.erzabtei-beuron.de).

Im Donautal

Etwa 4 km westlich von Beuron ragt der **Knopfmacherfels** auf, ein mächtiger Felsvorsprung, der bei Wanderern für seinen herrlichen Ausblick über das Donautal bekannt ist. Hoch über dem Tal liegt auch der 786 m hohe **Eichfelsen**, von dessen Gipfel sich ein wahrer Postkartenblick bietet.
Gegenüber grüßt von einem schroffen Felsblock die **Burg Wildenstein**, eine majestätische

NATURPARK OBERE DONAU

1

1.350 km² groß ist der Naturpark Obere Donau, der sich im Südwesten der Schwäbischen Alb von Immendingen bis Altheim erstreckt. Im Laufe der Jahrtausende hat sich die Donau tief in das Juragestein gegraben und schlängelt sich heute wildromantisch durch ein von Felsen und bewaldeten Steilhängen gesäumtes Tal, das Uhus, Eisvögeln und Gämsen einen Lebensraum bietet. Auch bei Sportlern ist das idyllische Durchbruchstal beliebt: Während Wanderer die herrlichen Weitblicke von den zahlreichen Burgruinen genießen, erfreuen sich Kletterer der schroffen Felsen, die Kanuten vom Wasser aus beobachten. Einen umfassenden Einblick in die faszinierende Landschaft des Naturparks bietet der alte Beuroner Bahnhof, der heute als Besucher- und Naturschutzzentrum des Naturparks Obere Donau dient.

Haus der Natur
Bahnhof/Wolterstraße 16, Beuron
Tel.: 0 74 66 / 9 28 00
www.naturpark-obere-donau.de
Mo bis Fr 9–17 Uhr, Anfang April– Ende Okt. zusätzlich Sa, So und feiertags 13–17 Uhr, Eintritt frei.

Festungsanlage, die heute als Jugendherberge genutzt wird. Bekannt ist die imposante Burg für den „Wildensteiner Altar", ein wertvolles Meisterwerk, das heute jedoch nur noch in Kopie in der Burgkapelle zu bestaunen ist.

ESSEN & TRINKEN

Im Donautal
Hotel-Restaurant Pelikan
Abteistraße 12, Beuron
Tel.: 0 74 66 / 4 06
www.pelikan-beuron.de
Das ansprechende Hotel-Restaurant überzeugt mit frischen regionalen und internationalen Gerichten.
Tgl. geöffnet.

Stilvoll
Hotel Gasthof Neumühle
Neumühle 1
Beuron-Thiergarten
Tel.: 0 75 70 / 95 90

www.neumuehle.de
Der traditionsreiche Familienbetrieb offeriert neben einer regionalen Küche auch Wild- und Fischspezialitäten. Do Ruhetag.

SERVICEINFO
Bürgermeisteramt Beuron
Kirchstraße 18
88631 Beuron
Tel.: 0 75 79 / 9 21 00
www.beuron.de

▶ FRIDINGEN AN DER DONAU

3.300 Einwohner

Am Beginn des Durchbruchtals der Oberen Donau und der Mündung der Bära gründeten um 1300 die Grafen von Hohenberg die malerische Stadt, deren Altstadtkern eine Besichtigung lohnt. Aus dem 19. Jh. stammt die **Stadtpfarrkirche**, deren Grundstein jedoch schon im 9. Jh. gelegt wurde. Die **St. Anna-Kapelle,** eine kleine Wallfahrtskapelle, stammt aus dem 14. Jh. Im 18. Jh. wurde die Kapelle vergrößert und barockisiert. Jedes Jahr an St. Anna findet eine Lichterprozession von der Stadtpfarrkirche St. Martinus zur St.-Anna-Kapelle statt.
Auf den Resten der ehemaligen Stadtbefestigung steht heute das **Scharf Eck**, ein schmuckes Fachwerkhaus, dessen Fassaden von kunstvollen Malereien zur Stadtgeschichte geziert werden. Das **Künstlerhaus „Scharf Eck",** welches im oberen Teil der gleichnamigen Gaststätte beheimatet ist, wurde nach dem Tod des Fridinger Malers Hans Bucher (1929–2002) von seinen Erben gemeinsam mit der Stadt Fridingen gegründet. In diesem kleinen Museum wird das Wirken und Wohnen des Malers ausgestellt (1. Mai–31. Okt. Sa, So

NATURTHEATER STEINTÄLE — !TIPP

Das idyllisch in einem Trockental gelegene Freilichttheater wartet im Sommer mit einem Kinder- und Erwachsenenstück auf.

Naturtheater Steintäle
Hohenbergweg 9
Fridingen an der Donau
Tel.: 0 74 63 / 88 57
www.steintaele.de

▶ *Das Scharf Eck in Fridingen.*

und feiertags 14–18 Uhr, Führung nach Vereinbarung, Erwachsene 2 €, Kinder bis 14 Jahre 0,50 €, www.scharfeck.de).
Auf eine alte Burg aus dem 14. Jh. geht das **Ifflinger Schloss** zurück, ein imposantes Gebäude mit schönen Staffelgiebeln, das heute das **Heimatmuseum Oberes Donautal** beheimatet und Exponate zur Volkskunde, zum Brauchtum und zur heimischen Kunst ausstellt (Öffnungszeiten wie Scharf Eck, Schlossgasse 20, Tel.: 0 74 63 / 8 37 28, Eintritt frei).
Etwas außerhalb auf dem Kirchberg steht das **Mattheise-Käppele,** eine Dreifaltigkeitskapelle, die im 20. Jh. vom Fridinger Matthias Epple erbaut wurde. Er legte ein Gelübde ab, auf dem Kirchberg eine Kapelle zu erbauen, wenn er je wieder aus dem Ersten Weltkrieg zurückkehrt.

Donauversickerung

Ein Naturphänomen in Fridingen ist die Donauversickerung etwa 2 km südlich der Altstadt. Im stark verkarsteten, wasserdurchlässigen Kalkuntergrund versickert Donauwasser und tritt erst etwa 17 km Luftlinie weiter südwestlich im Aachtopf wieder an die Oberfläche.

Wanderziele

Imposant ragt die Burgruine **Stiegelesfels** aus den grünen Laubwäldern heraus, die man im Rahmen einer kleinen Wanderung erreicht. Ein schöner Weg führt in nordöstliche Richtung weiter – vorbei am **Bettelmannsfels** – zum Sperberloch, das einen Blick zum **Schloss Bronnen** ermöglicht.
Ein beliebtes Ausflugsziel ist auch die **Kolbinger Höhle** nordwestlich der Stadt, die zu den schönsten Tropfsteinhöhlen der Südwest-Alb gehört. 1913 wurde das faszinierende dunkle Labyrinth erschlossen und steht heute als Schauhöhle für Besucher offen (Tel.: 0 74 63 / 9 70 83, Karfreitag–Ende Okt. Sa 13–17 Uhr, So + feiertags 10–17 Uhr, Erw. 3 €, Kinder 6–16 Jahre 1 €, www.kolbinger-hoehle.de).

ESSEN & TRINKEN

Große Sonnenterrasse

Landhaus Donautal
Bergsteig 1, Fridingen an der Donau
Tel.: 0 74 63 / 4 69
www.landhaus-donautal.de
Zur gepflegten Landhausatmosphäre passt die regionale und saisonale Küche vorzüglich. Mo und Fr Ruhetage.

Familiär

Hotel Gasthof Sonne
Bahnhofstraße 22
Fridingen an der Donau
Tel.: 0 74 63 / 9 94 40
www.sonne-fridingen.de
Original schwäbische Küche zeichnet das gemütliche Wanderhotel aus. Fr Ruhetag.

SPORT & FREIZEIT

Freibad
Fridingen an der Donau
Tel.: 0 74 63 / 75 58

Mitte Mai–Mitte Sept. Mo bis Fr 9–20 Uhr, Sa 9 – 19 Uhr, So und feiertags 9–18 Uhr, Erwachsene 3,50 €, Kinder bis 18 Jahre 1 €. Für Badevergnügen sorgen in dem Freibad eine Riesenrutsche und ein Sprungturm, außerdem gehören ein Volleyballfeld, eine große Liegewiese und ein Kiosk zur Ausstattung.

SERVICEINFO

Verkehrsamt Erholungsgebiet Donau-Heuberg
Kirchplatz 2
78567 Fridingen an der Donau
Tel.: 0 74 63 / 83 70
www.donau-heuberg.de

▶ TUTTLINGEN

34.300 Einwohner

Hervorgegangen aus einem römischen Kastell, breitet sich die planmäßig angelegte Stadt heute als moderner Dienstleistungs- und Industriestandort, insbesondere in der Medizintechnik, zu Füßen des Honbergs aus. Von dem 739 m hohen Berg grüßen die Überreste der einstigen **Burg Honberg**, die 1460 errichtet wurde. Geschäftiger Mittelpunkt von Tuttlingen ist der **Marktplatz** mit dem klassizistischen **Rathaus** als Blickfang. Das 1804 erbaute Gebäude bildet mit seinen zierlich anmutenden Dachreitern einen schönen Kontrast zum modern gestalteten Platz. Hier treffen außerdem die Bahnhofs- und Königsstraße aufeinander, die wachsende Einkaufsmeile der Stadt. Nur wenige Meter entfernt, erhebt sich die **Stadtkirche**, die nach einem Stadtbrand 1817 neu erbaut und 1903 im Jugendstil umgestal-

▶ *Die Ruine Honberg.*

FREILICHTMUSEUM TIPP

Etwa 10 km östlich von Tuttlingen lohnt das sehenswerte **Freilichtmuseum in Neuhausen ob Eck** einen Besuch. Die wunderschönen, alten Gebäude, die im Originalzustand restauriert wurden, versetzen Besucher zurück in die Vergangenheit und zeigen anschaulich, wie das bäuerliche Leben einst aussah. Zu den besonderen Schmuckstücken zählen neben einer Kirche aus dem 15. Jh. auch eine funktionsfähige Schmiede und das Wirtshaus „Ochsen".

Freilichtmuseum Neuhausen ob Eck
78579 Neuhausen ob Eck
Tel.: 0 74 67 / 13 91
www.freilichtmuseum-neuhausen.de
April–Ende Okt. Di bis So 9–18 Uhr, Erwachsene 6,50 €, Kinder bis 16 Jahre frei.

tet wurde. Hinter der prächtigen Fassade verbirgt sich eine kunstvoll bemalte Kanzelwand, die mit bunten Ornamenten bestickt.

Kunst und Kultur

Eine abwechslungsreiche Museenlandschaft in Tuttlingen gibt einen umfassenden Einblick in historische Hintergründe der Stadt. Wie die Wohn- und Lebensverhältnisse im 19. Jh. waren, erfährt man im **Tuttlinger Haus**, einem im Originalzustand erhaltenen Ackerbürgerhaus mit typischen Walmdach (Donaustraße 19, Tel.: 0 74 61 / 1 51 35, Ostern–1. Nov. Di, Do, Sa und So 14–17 Uhr, Eintritt frei).

Über die Industriekultur der Stadt, insbesondere die Entwicklung zum Weltzentrum im Bereich Medizintechnik, informiert das **Heimatmuseum**, das sich im ehemaligen württembergischen Fruchtkasten befindet. In verschiedenen Abteilungen wird hier ein Bogen von den Anfängen in der Leder- und Textilbranche über die Metallverarbeitung bis hin zur heutigen Hightech-Industrie gespannt (Donaustraße 50, Tel.: 0 74 61 / 1 51 35, Sa und So 14–17 Uhr, Eintritt frei). Rund um Kunst dreht sich alles in der **Städtischen Galerie**, die auf zwei Etagen wechselnde Ausstellungen, Lesungen und Kleinkunst präsentiert (Rathausstraße 7, Tel.: 0 74 61 / 1 55 51, Di bis So 11–18 Uhr, Eintritt je nach Veranstaltung).

Luftkurort Möhringen

Im **Rathaus** des Stadtteils Möhringen dokumentiert eine Dauerausstellung nicht nur die geschichtliche Entwicklung des badischen Städtchens, sondern auch Spannendes über närrisches Brauchtum in der Region (Hermann-Laiber-Straße 4, Tel.: 0 74 62 / 9 48 20, Mo bis Do 8–11.30 u. 14–16 Uhr, Fr 8–11.30 Uhr, Eintritt frei).
Nicht nur für Geologen interessant, ist das **Naturphänomen Donauversickerung,** das man in Möhringen beobachten kann. Die Donau versickert hier im Karstgestein – im Sommer vollständig, in den Wintermonaten nur teilweise – um 183 Höhenmeter tiefer und etwa 12 km Luftlinie

▶ *Das Phänomen der Donauversickerung*

entfernt im Aachtopf, der größten Quelle Deutschlands, um nach etwa 60 Stunden wieder zum Vorschein zu kommen.

SPORT & FREIZEIT

TuWass
Mühlenweg 1–5, Tuttlingen
Tel.: 0 74 61 / 9 66 55 66
www.tuwass.de
Mo bis Fr 10–22 Uhr, Sa 8–22 Uhr, So 8–22 Uhr, Tageskarte (inkl. Sauna) 18,50 €, Jugendliche 15–17 Jahre 15 €.
Das moderne Freizeit- und Thermalbad sorgt mit Strömungskanal, Rutschen, Wellenbecken, Whirlpool, Saunalandschaft und einem Außenbereich für einen gelungen Badetag.

SERVICEINFO

Tourismus
Rathausstraße 1
78532 Tuttlingen
Tel.: 0 74 61 / 9 93 40
www.tuttlingen.de

NATURPHÄNOMEN DONAUVERSICKERUNG

An 365 Tagen im Jahr versickert die Donau, in den Sommermonaten sogar vollständig, so dass man trockenen Fußes durch das Flussbett laufen kann! Ein einzigartiges Naturschauspiel, das zu jeder Jahreszeit begeistert und bildet!

Wussten Sie, dass die Donau in zwei Weltmeere mündet?

Stadt Tuttlingen · Tourismus
Rathausstraße 1 · 78532 Tuttlingen
Tel.: 0 74 61 / 9 93 40
touristik@tuttlingen.de

Zollernalb
Schlösser und Gipfel

Im Westen der Schwäbischen Alb liegt das einstige Herrschaftsgebiet der Hohenzollern mit prächtigen Schlössern, die jedes Jahr Tausende von Touristen anlocken. Südlich davon breitet sich eine schroff-romantische Wanderlandschaft aus – gleich sieben Tausender stehen auf engstem Raum beieinander, darunter auch der Lemberg, der mit 1.015 m höchste Berg der Alb.

▶ HAIGERLOCH

10.800 Einwohner

Malerisch eingebettet in das Tal der Eyach liegt das schöne Städtchen, das aus ursprünglich zwei Siedlungskernen entstand. Am linken Flussufer entwickelte sich im Schatten des **Römerturms**, eines mächtigen Bergfrieds, die sogenannte Oberstadt, während auf einem Felssporn gegenüber eine zweite Burg, das heutige **Schloss**, über der Unterstadt thront. Die Grafen von Hohenberg erhoben die kurzfristig unabhängigen Siedlungen gemeinsam zur Stadt, die später als Wohnort der Fürsten von Hohenzollern bekannt wurde.

Baukunst

Das vor einigen Jahren renovierte **Schloss** steht auf den Fundamenten einer um 1200 erbauten Burg und beeindruckt mit seinem mächtigen Turmbau und dem prächtigen Satteldach. Nicht nur außen, sondern auch innen veranlassten die Hohenzollernfürsten einen grundlegenden Umbau, sodass wertvolle Stuckverzierungen zur Ausstattung der fürstlichen Wohnräume gehören. Heute befindet sich in den herrschaftlichen Räumen eine Kunstgalerie. Über einen schmalen Fußweg erreicht man die etwas abseits stehende **Schlosskirche**, die Ende des 16. Jh. errichtet und später im Stil des Rokoko umgestaltet wurde. Besonders schön sind die Deckengemälde und die filigranen Stuckaturen. Am Rand der Oberstadt steht die **Wallfahrtskirche St. Anna**, die zusammen mit dem Kaplaneihaus ein sehenswertes Barockensemble bildet und innen ein schönes Deckenfresko zeigt.

Museen

Ein Felsenkeller unter der Schlosskirche diente im Zweiten Weltkrieg als Forschungsstätte. Wissenschaftler wie z. B. Professor Heisenberg beschäftigten sich hier mit Versuchen zur Kernspaltung, um Energie zu gewinnen. Eine Rekonstruktion des Reaktors kann man heute im **Atomkellermuseum** besichtigen. Direkt nebenan ist in der Ölmühle eine Dauerausstellung über das Leben und Forschen des berühmten Physikers Heisenberg zu sehen. Außerdem befindet sich hier eine umfangreiche **Kunstsammlung** des Haigerlocher Künstlers Karl Hurm (Tel.: 0 74 74 / 6 97 27, Mai–Sept. Mo bis Sa 10–12 und 14–17 Uhr, So und feiertags 10–17 Uhr, März, April, Okt. und Nov. Sa 10–12 und 14–17 Uhr, So und feiertags 10–17 Uhr, Eintritt 3 €).
Das **Kunstmuseum im alten Pfarrhaus** widmet sich den Werken der Malerfamilie Schüz (Öffnungszeiten und Eintritt wie oben).
In der ehemaligen **Synagoge**, die in der Reichspogromnacht 1938 vollständig zerstört wurde, gedenkt heute eine Dauerausstellung an das Leben und die Deportation der Juden unter den Nationalsozialisten (Weildorfer Kreuz 22, Tel.: 0 74 74 / 27 37, Sa und So 11–17 Uhr, April–Okt. zusätzlich Do 14–19 Uhr, www.synagoge-haigerloch.de).

SERVICEINFO

Touristinfo
Oberstadtstraße 11
72401 Haigerloch
Tel.: 0 74 74 / 6 97 27
www.haigerloch.de

▶ HECHINGEN

19.100 Einwohner

Als Zollernstadt schlechthin gilt Hechingen mit seinem romantischen Märchenschloss, der Burg Hohenzollern. Entstanden aus einer Burgsiedlung um 1250, entwickelte sich der Ort rasch zum Verwaltungszentrum der Grafschaft Zollern – eine Zeit, an die auch heute noch zahlreiche Baudenkmäler erinnern.

Baudenkmäler

Am Schlossplatz beeindrucken das **Neue** und das **Alte Schloss**. An Stelle des ersteren stand, so wird vermutet, schon immer ein Vorgängerbau der Zollergrafen, der als Grafensitz diente. Im 16. Jh. erfolgten Umbauten zu einem vierflügeligen Schloss im Renaissancestil, das jedoch im 19. Jh. abgerissen wurde. Im heutigen Nachfolgebau, einem klassizistischen Schlossgebäude, befindet sich nun die Sparkasse. Gleich gegenüber beherbergt das Alte Schloss aus dem 18. Jh., das bis 1819 Alte Kanzlei genannt wurde, das **Hohenzolleri-**

DIE HOHENZOLLERN

Auf dem Zollernberg bei Hechingen begann der Siegeszug der 1061 erstmals erwähnten Zollern. Während der Stauferzeit teilte sich das Haus in eine burggräflich-nürnbergische und eine schwäbische Linie. Aus ersterer gingen später die Ansbacher und Bayreuther Markgrafen hervor, die im Laufe der Jahrhunderte zu Kurfürsten von Brandenburg, Königen von Preußen und deutschen Kaisern aufstiegen.
Der schwäbische Zweig teilte sich in die Haigerlocher, Hechinger und Sigmaringer Zollern auf. Während die ersten beiden Linien im 17. bzw. 19. Jh. ausstarben, schlossen sich das Sigmaringer Fürstenhaus und die brandenburg-preußischen Zollern per Erbvertrag zusammen und besitzen noch heute gemeinsam die Burg Hohenzollern.

sche Landesmuseum. Es verdeutlicht anschaulich die Geschichte der Hohenzollern. Besonders schön sind ein reich geschmücktes Bronzegrab und die multimediale Vorführung einer Renaissance-Hochzeit, die man in den neu renovierten Räumen zu sehen bekommt (Schloßplatz 5, Tel.: 0 74 71 / 62 18 47, Mi bis So + Feiertage 14–17 Uhr, Erw. 2,50 €, ermäßigt 1,50 €, www.hzl-museum.de).
Im weitläufigen Fürstengarten im Süden der Stadt steht die **Villa Eugenia**. Das ursprünglich als Lust- und Gartenhaus geplante Schlösschen aus dem Jahr 1786 wurde später (1833/34) um die beiden Seitenflügel ergänzt und diente als Wohnsitz der letzten Hohenzollernfürsten in Hechingen. Gleich in der Nähe befindet sich auch das **Weiße Häusle**, der einstige fürstliche Billardsalon. Eine herausragende Sehenswürdigkeit ist außerdem die **Stiftskirche St. Jakobus**, ein kunsthistorisches Meisterwerk des Klassizismus. Innen beeindrucken wertvolle Altarbilder und steinerne Grabplatten. Vor den Toren der Stadt befindet sich ein weiteres sakrales Juwel: die **Franziska-**

► *Erhaben thront die Burg Hohenzollern auf dem gleichnamigen Kegelberg.*

nerklosterkiche St. Luzen. Hinter dem eher schlichten Äußeren verbirgt sich mit der opulenten Stuckdekoration, die überlebensgroße Apostelfiguren zeigt, eine der schönsten Ausstattungen im Stil der Renaissance.

Burg Hohenzollern

Schon von Weitem sieht man die mächtige Burg Hohenzollern auf dem bewaldeten Kegelberg südlich der Stadt, in deren Hintergrund sich der mächtige Höhenzug der Schwäbischen Alb aufbaut. Durch das Adlertor betritt man die trutzige Hochburg, die in ihrer heutigen Gestalt ab 1850 erbaut wurde und zu den schönsten in ganz Deutschland zählt.
Ausgestattet mit Filzpantoffeln, kann man die prunkvollen herrschaftlichen Räume besichtigen, die sich hinter den dicken Mauern verbergen. Burgromantik pur vermitteln der Blaue Salon, der Grafensaal und das Markgrafenzimmer, deren prachtvolle Ausstattung in der goldenen preußischen Königskrone gipfelt (Burg Hohenzollern, Tel.: 0 74 71 / 24 28, Mitte März–Ende Okt. tgl. 10–17.30 Uhr, 1. Nov.–Mitte März tgl. 10–16.30 Uhr, Erwachsene 12 €, Kinder 6–17 Jahre 6 €, www.burg-hohenzollern.com).

SERVICEINFO

Bürger- und Tourismusbüro
Kirchplatz 12, 72379 Hechingen
Tel.: 0 74 71 / 94 0-2 11 oder 2 14
www.hechingen.de

FREILICHTMUSEUM STEIN !TIPP

Auf einem weitläufigen Grundstück befinden sich die Überreste einer herrlich gelegenen Gutsanlage des 1. bis 3. Jh. n. Chr. mit zugehörigem Tempelbezirk. Bei einem Rundgang kann man die rekonstruierten Gebäude besichtigen: Haupthaus, Mühle, Kräutergarten, Badegebäude und Backhaus vermitteln einen umfassenden Einblick, wie das Leben damals wohl aussah.

Römisches Freilichtmuseum Stein
Hechingen-Stein
Tel.: 0 74 71 / 64 00
www.villa-rustica.de
Juni–Sept. tgl. 10–17 Uhr, April–Mai und Okt. Di bis So 10–17 Uhr,
Erw. ab 4,50 €, ermäßigt ab 3,50 €.

▶ BURLADINGEN

12.400 Einwohner

Bekannt ist der Ort an der Wasserscheide von Rhein und Donau als Industriestandort, vor allem für die Firma Trigema, Deutschlands größter T-Shirt- und Tennisbekleidungshersteller.

Museen

Welche Rolle gutes Handwerk für die Bewohner der Alb gespielt hat, erfährt man im **Heimatmuseum** im Ortsteil Hausen, das den Tüftlergeist der Bauern, die auf kargem Boden wirtschaften mussten, näher erläutert (Schlichtestraße 9, Tel.: 0 74 75 / 71 10, Besichtigung nach Anfrage, Eintritt 1 €).
Einen Besuch lohnt auch das **Deutsche Peitschenmuseum** im alten Bahnhof des Ortsteils Killer, in

dem das heimische Handwerk der Peitschenmacher vorgestellt wird (Am Peitschenmuseum 1, Tel.: 07 00 / 19 93 19 93, Mai–Okt. jeden ersten So 10.30 – 17.30 Uhr, Erw.1,50 €, Kinder frei, www.peitschenmuseum.de).

Die Lebens- und Arbeitsweise der ländlichen Bevölkerung von einst lernt man im **Dorfmuseum** kennen, das in einem alten Bauernhaus im Ortsteil Melchingen eingerichtet wurde. Webstühle und landwirtschaftliche Geräte verdeutlichen die harte Arbeit, die auf der kargen Schwäbischen Alb verrichtet werden musste (Museumsgasse 1, Tel.: 0 71 26 / 9 22 30, Besichtigung nach Vereinbarung, Erw.2 €, Kinder 1 €).

SERVICEINFO

Stadtverwaltung
Hauptstraße 49
72393 Burladingen
Tel.: 0 74 75 / 89 21 56
www.burladingen.de

▶ BALINGEN

34.000 Einwohner

Wo einst Leder gegerbt und Textilien hergestellt wurden, floriert nun die Metallindustrie, die Waagen, Kompressoren und Traktoren fabriziert und in alle Welt exportiert. Doch nicht nur die lange Tradition als Industriestandort, sondern auch ein großes Angebot an Kunst, Kultur und Freizeitmöglichkeiten zeichnen Balingen aus.

Altstadt

Nach einem Stadtbrand erhielt die Innenstadt von Balingen 1809 ihren gitternetzförmigen Grundriss. Hoch ragt der Turm der **Stadtkirche** aus dem umliegenden Häusermeer auf, die 1534 fertiggestellt wurde. Eine Sonnenuhr ziert die Außenfassade, während innen eine kostbare Orgel und eine Kanzel beeindrucken.
Direkt vor der Kirche verläuft die Friedrichsstraße, die breite **Einkaufsstraße** der Stadt, die von Geschäften und Cafés gesäumt ist. Ein schöner Blickfang ist hier das **Rathaus** mit seiner imponierenden Fassade von 1811 und einem dekorativen Glockenspiel.
Eine Querstraße weiter gelangt man zum **Zehntscheuer** aus dem 17. Jh., in dem sich heute neben der **Friedrich-Eckenfelder-Galerie**, die Bilder des Balinger Künstlers ausstellt, auch das **Heimatmuseum** befindet. Gezeigt werden Exponate zur Stadt- und Industriegeschichte, Wohnkultur, Handwerk und Weinbau (Neue Straße 59, Tel.: 0 74 33 / 17 02 61, Di bis So + Feiertage 14–17 Uhr, Eintritt frei).
An die Vergangenheit als Gerberstadt erinnert das Viertel **Klein Venedig** direkt an der Eyach, in dem noch einige der alten Handwerkshäuser erhalten sind.

ZOLLERNSCHLOSS

!TIPP

Die Hauptsehenswürdigkeit von Balingen ist das Zollernschloss, ein im 15. Jh. erbautes Fachwerkgebäude, das einst als Wohnsitz der Obervögte diente und heute das Museum für Waagen und Gewichte beherbergt. Der größte Balinger Industriebetrieb, die Firma Bizerba, stellt die umfangreiche Sammlung als Dauerleihgabe zur Verfügung. Zu sehen sind z. B. Waagen aus der Römerzeit, eine gigantische Heuwaage aus dem 18. Jh. und Feinwaagen für Münzen.

Museum für Waagen und Gewichte
Neue Straße, Balingen
Tel.: 0 74 33 / 17 02 61
Mi, Fr, So und jeden ersten Sa im Monat 14–17 Uhr, Eintritt frei.

SPORT & FREIZEIT

Freibad Balingen
Eckenfelder Straße 25, Balingen
Tel.: 0 74 33 / 27 88 28
Juni–Aug. Mo bis Fr 6–20 Uhr, ab Sept. 7–20 Uhr, Sa und So 8–20 Uhr, Erwachsene 3,70 €, ermäßigt 1,85 €.
Moderne Wasserlandschaft mit Schwimmer- und Nichtschwimmerbecken, verschiedenen Rutschen, Sitzrondell mit Strömungskanal, Kinderbereich und Spielplatz.

SERVICEINFO

i-Punkt
Färberstraße 2, 72336 Balingen
Tel.: 0 74 33 / 17 01 19
www.balingen.de

▶ ALBSTADT

44.461 Einwohner

Die ideale Stadt für Outdoorsportarten ist mit 44.461 Einwohnern und neun Stadtteilen die größte Stadt im Zollernalbkreis. Sie liegt in einer herrlichen Landschaft. Die neu ins Leben gerufene Wandermarke **Traufgänge** führt anhand von sieben Touren auf zertifizierten Premium-Wanderwegen in die schöne Natur rund um Albstadt und erschließt dabei die schwäbische Natur- und Kulturgeschichte (weitere Infos unter www.traufgaenge.de). Geprägt wird die Region durch die Textilindustrie, deren Tradition bis ins 17. Jh. zurückreicht. Die anfängliche bäuerliche Selbstversorgungswirtschaft entwickelte sich über die Zunft der Strumpfweber hin zur modernen Trikotproduktion mittels Rundwirkstühlen und -strickmaschinen. Das Maschenmuseum dokumentiert diese Entwicklung anschaulich.

Sehenswürdigkeiten

Zu den schönsten Gebäuden zählt das **Rathaus Ebingen**, das nach dem großen Stadtbrand 1913 neu errichtet wurde. Die Fassade verzieren kunstvolle Figuren, welche einzelne Berufsstände darstellen. Aus dem 15. Jh. stammt die **Pfarrkirche St. Martin** zumindest noch in ihrer Innenausstattung, wie man am gotischen Chor erkennt. Das Langhaus selbst ist als Neubau im Jugendstil erbaut worden. Gern besucht ist auch das Stauffenberg-Schloss, der ehemalige Familiensitz der Grafen von Stauffenberg. Heute beherbergt das Schloss eine Gedenkstätte, die der Adelsfamilie und dem Widerstandskämpfer Claus Schenk Graf von Stauffenberg gewidmet ist.

▶ *Blick auf Albstadt.*

Museen

Die **Galerie Albstadt** in Ebingen beherbergt graphische Werke vom Expressionismus bis zur Gegenwart und hat vor allem mit ihrem Otto-Dix-Bestand internationales Renommee. Weitere Schwerpunkte gelten dem Freilichtmaler Christian Landenberger (1862–1927) und dem Landschaftsbild der Schwäbischen Alb. Der **junge kunstraum** bietet für Familien ein spannendes Entdeckungs- und Experimentierfeld in Sachen Kunst, mit jährlich wechselnden Themenausstellungen aus der Sammlung des Museums. An jedem 3. Sonntag im Monat gibt es einen Familiensonntag mit museumspädagogischem Angebot (Kirchengraben 11, Tel.: 0 74 31 / 1 60-14 91 oder -14 93, Di bis Sa 14–17 Uhr, So und feiertags 11–17 Uhr, Erwachsene 6 €, erm. 4 €, Kinder unter 18 Jahren frei; www.galerie-albstadt.de und www.jungerkunstraum.de).
Im **Museum im Kräuterkasten** in Ebingen erfährt man Interessantes über Fossilien und heimische Tier-

arten sowie zur Vor- und Frühgeschichte der Region (Im Hof 19, Tel.: 0 74 31 / 44 34, Mi, Sa, So und feiertags 14–17 Uhr, Erwachsene 1 €, ermäßigt 0,50 €).
Einen Einblick in die Kulturgeschichte der Stadt bietet das **Ebinger Heimatmuseum** (Spitalhof 13, Tel.: 0 74 31 / 59 04 88, So und feiertags 14–17 Uhr, Eintritt frei).
Wie sich die Maschen- und Trikotindustrie entwickelte, lernt man im **Maschenmuseum** in Tailfingen (Wasenstraße 10, Tel.: 0 74 31 / 1 60-14 85, Mi, Sa, So und feiertags 14–17 Uhr, Erw. 2 €, erm. 1 €).
Im Stauffenberg-Schloss in Lautlingen befindet sich neben der Musikhistorischen Sammlung Jehle eine Gedenkstätte, die dem Widerstandskämpfer Claus Schenk Graf von Stauffenberg gewidmet ist. Der Informations-Parcours im Schlosshof ist auch außerhalb der Öffnungszeiten zugänglich (Tel.: 0 74 31 / 76 31 03, Mi, Sa, So und feiertags 14 – 17 Uhr, Erw. 2 €, erm. 1 €).
Sehenswert ist auch das **Nähmaschinen-Museum Gebrüder Mey** in Lautlingen, das den Siegeszug des bedeutenden Arbeitsgerätes zeigt (Auf Steingen 6, Tel.: 0 74 31 / 70 60, Mo bis Do 9–16 Uhr, Fr 9–12 Uhr, Erw. 3 €, Kinder frei).
Das **Philipp-Matthäus-Hahn-Museum** in Onstmettingen zeigt allerhand Uhren und Waagen (Albert-Sauter-Straße 15, Tel.: 0 74 32 / 2 32 80, Mi, Sa, So und feiertags 14–17 Uhr, Erw. 2 €, erm. 1 €).

SCHATZSUCHE IM ÖLSCHIEFER

Ob Museumsbesuch, Kunstausstellung, Konzert oder Fossilsuche – im Dotternhausener Werkforum der Holcim (Süddeutschland) GmbH ist allerhand geboten. Im Fossilienmuseum gibt es Versteinerungen aus der Zeit vor 180 Millionen Jahren zu bestaunen. Die Fossilien werden dank des Rohstoffabbaus für die Zementherstellung im Schiefer- sowie Kalksteinbruch entdeckt. Die schönsten Exemplare aus der Zeit, als die Schwäbische Alb noch vom Jura-Meer bedeckt war, stellt Holcim im Fossilienmuseum zur Schau. Wer einen Ammoniten mit nach Hause nehmen möchte, versucht sein Glück auf dem Klopfplatz, der immer geöffnet und für alle zugänglich ist. Das Werkforum ist immer am Dienstag, Mittwoch und Donnerstag von 13 bis 17 Uhr geöffnet, an Sonn- und Feiertagen von 11 bis 17 Uhr. In der Zeit vom 1. Dezember bis zum 6. Januar bleibt das Werkforum geschlossen. Der Eintritt ist frei!

Holcim (Süddeutschland) GmbH
72359 Dotternhausen
Telefon 07427 79-0
info-sueddeutschland@holcim.com
www.holcim.de/sued

GROSSER HEUBERG

Großer Heuberg wird die dünn besiedelte Hochfläche genannt, zu der die höchsten Erhebungen der Schwäbischen Alb gehören. Rau und kühl geht es hier oben zu, sodass man bei einer Wanderung einen Einblick in das oft harte bäuerliche Leben der Schwaben von einst bekommt. Begrenzt wird der Heuberg von der Donau im Süden und dem Albtrauf im Norden, wo die Alb in Schichtstufen steil abfällt.

SPORT & FREIZEIT

BadKap
Beibruck 1, 72458 Albstadt
Tel.: 0 74 31 / 1 60 19 30
www.badkap.de
So bis Do 9–22 Uhr, Fr und Sa 9–23 Uhr, Di und Do ab 7 Uhr, Tageskarte (Bad inkl. Sauna) Erw. 18,90 €, ermäßigt 15,90 €.
Badespaß für die ganze Familie bietet das moderne Erlebnisbad mit Wellenbecken, Rutsche, Strömungskanal, Kinderplanschbereich, Dampfgrotte und Saunalandschaft.

SERVICEINFO

Tourist-Information Albstadt
Marktstraße 35, 72458 Albstadt
Tel.: 0 74 31 / 1 60-12 04
www.albstadt-tourismus.de

▶ MESSSTETTEN

10.500 Einwohner

Dort, wo die Alb am höchsten ist und die steil abfallenden Felsen des Albtraufs die Besucher schon von Weitem grüßen, liegt die Stadt Meßstetten. Wanderer, Radfahrer und Skifahrer erfreuen sich an den gut markierten Wanderwegen, herrlichen Aussichtspunkten entlang des Albtraufs, befestigten Radwegen, Loipen und Skiliften. Der Kernort Meßstetten lockt Besucher mit dem großen Wildgehege, dem Wasserturm mit Aussichtsplattform und dem **Museum für Volkskunst.** Das Museum verdeutlicht die Bräuche und Traditionen des süddeutschen Kulturraums anhand von 1.300 Exponaten (Hangergasse 16, Tel: 0 74 31 / 96 11 41, Mi, So und feiertags 14–17 Uhr, Erwachsene 1,50 €, ermäßigt 1 €).
Weitere schöne Ausflugsziele sind der Barfußpfad und die Nordic-Walking-Strecken in Tieringen sowie der Stausee mit Kneippanlage, das Naturerlebniszentrum und der Sinne-Erlebnis-Pfad in Oberdigisheim. Eine gute Gastronomie und vielfältige Übernachtungsmöglichkeiten, z. B. im Familienferiendorf mit 40 Ferienhäusern im anerkannten Erholungsort Tieringen, runden das Angebot ab.

SERVICEINFO

Stadtverwaltung
Hauptstraße 9
72469 Meßstetten
Tel.: 0 74 31 / 6 34 90
www.messstetten.de

▶ SCHÖMBERG

4.600 Einwohner

Zu Füßen der höchsten Berge der Schwäbischen Alb liegt die kleine Zwergstadt, die 1255 von den Grafen von Zollern gegründet wurde. Rund um die breite Hauptstraße

und die quer verlaufende Spital- und Brunnengasse gruppieren sich hübsche **Fachwerkhäuser**. In der alten Schule ist heute ein **Narrenmuseum** untergebracht, das bunte Narrenkostüme, alte Dokumente und die Geschichte der Schömberger Fasnet präsentiert (Schulgasse 13, Tel.: 0 74 27 / 9 40 20, Öffnungszeiten und Preise nach Anfrage).
In den Sommermonaten bereitet der **Schlichem-Stausee** vielen Besuchern ein tolles Badevergnügen.
Ein beliebtes Ausflugsziel ist die **Wallfahrtskirche Palmbühl** nordöstlich der Stadt. Auf den Resten einer Kapelle wurde sie 1631 errichtet und beeindruckt heute mit einer barocken Ausstattung.
An die Zwangsarbeiter des Zweiten Weltkrieges, die in Schömberg Ölschiefer zur Brennstoffgewinnung abbauen mussten, erinnert ein **Gedenkfriedhof**. Insgesamt sieben Arbeitslager entstanden zwischen 1943 und 1945 auf der Zollernalb, in denen Häftlinge unter unmenschlichen Bedingungen für die Nationalsozialisten arbeiteten.

DIE HÖCHSTEN BERGE

In Sichtweite von Schömberg befinden sich die höchsten Berge der Schwäbischen Alb: der Plettenberg (1.002 m ü. NN), der Oberhohenberg (1.010 m ü. NN) und der Lemberg (1.015 m ü. NN), der höchste Berg der Alb.

SERVICEINFO

Touristikgemeinschaft Oberes Schlichemtal
Schillerstraße 29
72355 Schömberg
Tel.: 0 74 27 / 9 49 80
www.oberes-schlichemtal.de

▶ *Die Wallfahrtskapelle Palmbühl.*

Alb-Donau
Karstquellen und Baudenkmäler

Nicht nur geheimnisvoll glitzerndes Wasser, sondern auch den höchsten Turm der Christenheit, das Ulmer Münster, hat die Region Alb-Donau zu bieten. Dazu gesellen sich urige Gasthäuser, malerische Altstädte und romantische Burgen, die hoch über den Flüssen einen weiten Ausblick über die abwechslungsreiche Landschaft ermöglichen.

▶ ULM

122.800 Einwohner

Am linken Donauufer liegt die alte Reichsstadt Ulm, die heute das wirtschaftliche und kulturelle Zentrum der Region bildet.

Geschichte

Erstmals urkundlich erwähnt wurde Ulm im Jahr 854 als fränkische Königspfalz. Die eigentliche Stadtgründung erfolgte jedoch erst im 11. Jh. 1377 wurde schließlich der Grundstein für das berühmte Ulmer Münster gelegt, bis heute die Kirche mit dem höchsten Kirchturm der Welt. Fernhandel und Weberzünfte führten in den folgenden Jahrhunderten zu großem Reichtum, der sich auch heute noch im Stadtbild wiederfinden lässt. Nach mehreren Herrschaftswechseln zwischen Bayern, Frankreich und Österreich kam Ulm schließlich 1810 an Württemberg. Mit der Eröffnung der Universität im Jahr 1967 auf dem Eselsberg begann außerdem die jüngste Entwicklung hin zu einem modernen Wissenschaftsstandort.

Altstadt

Am besten erkundet man die schmucke Altstadt rund um das Ulmer Münster bei einem ausgedehnten Spaziergang. Vom Münsterplatz braucht man nur wenige Schritte bis

zum **Kornhaus**, einem kunstvoll verputzten Gebäude von 1594, in dem sich heute ein Konzertsaal befindet. Gleich daneben steht das **Einsteinhaus**, benannt nach dem in Ulm geborenen Nobelpreisträger Albert Einstein. Eine Ausstellung erinnert im ersten Stock an den bekannten Physiker. Außerdem wurde 2001 eine Gedenkstätte für die von den Nationalsozialisten ermordete Studentin Sophie Scholl eingerichtet, die im Februar 1943 an der Münchener Universität Flugblätter gegen das NS-Regime verteilte (Kornhausplatz 5, Tel.: 07 31 / 1 53 00, Mo bis Fr 8–22 Uhr, Sa 8–15 Uhr, Eintritt frei, www.vh-ulm.de).
Im Nordwesten des Münsterplatzes ragt die **Wengenkirche** auf, die im Zweiten Weltkrieg zerstört und zehn Jahre später wieder aufgebaut wurde. Von kunsthistorischer Bedeutung sind das meisterhafte Altarbild sowie die spätgotische Kreuzigungsgruppe. Direkt an der Donau liegt eines der schönsten Stadtviertel, das **Fischer- und Gerberviertel**. Die engen Gassen werden von Fachwerkhäusern gesäumt, in denen häufig nette Cafés und ausgezeichnete Restaurants zum Verweilen einladen. Zu den bekanntesten gehören z. B. das Zunfthaus der Schiffleute, die Ulmer Münz und das Gasthaus Forelle.
Auch Reste der alten, staufischen **Stadtmauer** sind hier noch zu finden, in deren Nähe der schiefe **Metzgerturm** aufragt, der lange Zeit als Gefängnis diente.
Ganz in der Nähe trifft man auf das **Schwörhaus** von 1612, von dessen Balkon der Oberbürgermeister jedes Jahr einen Eid auf die Stadtverfassung schwört. Innen informiert eine sehenswerte Ausstellung über die Stadtgeschichte (Weinhof 14, Tel.: 07 31 / 1 61 42 01, Di bis So 11–17 Uhr, Eintritt frei). Anschließend lohnt sich ein Abstecher zum **Rathaus**, dessen Fassade mit

▶ *Ulm.*

prachtvollen Wandmalereien und einer großen astronomischen Uhr aus dem 16. Jh. verziert ist.

Museen

Gegenüber vom Rathaus lohnt das **Ulmer Museum** einen Besuch. Exponate aus der Ur- und Frühgeschichte sind hier ebenso zu finden wie herausragende Bildwerke der Spätgotik oder wechselnde Ausstellungen zur modernen Kunst (Marktplatz 9, Tel.: 07 31 / 1 61 43 30, Di bis So 11–17 Uhr, Erw. 5 €, ermäßigt 3,50 €, www.museum.ulm.de).

Direkt mit dem Ulmer Museum über eine gläserne Brücke verbunden, ist das imposante Gebäude der **Kunsthalle Weishaupt.** Die Sammlung des Unternehmers Siegfried Weishaupt zählt zu den bedeutenden Privatsammlungen zeitgenössischer Kunst in Deutschland (Hans-und-Sophie-Scholl-Platz 1, Tel.: 07 31 / 1 61 43 60, Di bis So 11–17 Uhr, Do bis 20 Uhr, Erwachsene 6 €, ermäßigt 4 €, www.kunsthalle-weishaupt.de).

In einem alten Salzstadel informiert das **Museum für Brotkultur** über die lange Geschichte des Brotes und die Hungersnöte, denen die Welt im Laufe der Zeit immer wieder ausgesetzt war (Salzstadelgasse 10, Tel.: 07 31 / 6 99 55, tgl. 10–17 Uhr, Erw. 4 €, ermäßigt 3 €, www.museum-brotkultur.de).

Rund um die Themen Geologie, Botanik und Ökologie dreht sich alles im **Naturkundlichen Bildungszentrum**, das in einem Gebäudetrakt der Friedrich-List-Schule untergebracht ist (Kornhausgasse 3, Tel.: 07 31 / 1 61 47 42, Di bis Fr 10–16 Uhr, Sa, So + Feiertage 11–17 Uhr, Erwachsene 2,40 €, ermäßigt 1,50 €, www.naturkunde-museum.ulm.de).

Etwas außerhalb der Stadt lohnt das **Klostermuseum Wiblingen** einen Besuch, das in den prachtvollen Klosterräumen den spannungsreichen Gegensatz zwischen den angestrebten Idealen der Mönche und

ULMER MÜNSTER

8

Im Zentrum der Altstadt, auf dem Münsterplatz, erhebt sich das Ulmer Münster, dessen Bau 1377 begonnen, jedoch erst 1890 beendet wurde. Mit einer Höhe von 161 m hat das gotische Gotteshaus den höchsten Kirchturm weltweit. 768 Stufen führen hinauf zur Aussichtsplattform in 143 m Höhe, die bei entsprechender Sicht einen wunderschönen Fernblick bis zu den Alpen ermöglicht. Im Inneren beeindruckt das Münster mit einer spätgotischen Kanzel, dem kunstvoll geschnitzten Chorgestühl und einer riesigen Orgel, die 93 klingende Register und rund 8.000 Pfeifen aufweist.

Ulmer Münster
Münsterplatz, 89073 Ulm
Tel.: 07 31 / 1 61 28 30
April–Juni und Sept. tgl. 9–18.45 Uhr, Juli–Aug. tgl. 9–19.45 Uhr, März und Okt. tgl. 9–17.45 Uhr, Nov.–Feb. tgl. 9–16.45 Uhr.
Turmbesteigung Erwachsene 4 €, ermäßigt 2,50 €.
www.ulmer-muenster.de

der eher verschwenderischen weltlichen Herrschaft der Abtei verdeutlicht (Schlossstraße 38, Tel.: 07 31 / 5 02 89 75, 1. April–31. Okt. Di bis So 10–17 Uhr, 1. Nov.–31. März Sa, So und feiertags 13–17 Uhr, Erwachsene 4,50 €, ermäßigt 2,30 €, www.kloster-wiblingen.de).
Extra für kleine Gäste ist das **Kindermuseum** im Edwin Scharff Museum, das neugierige kleine Besucher zum Anfassen, Experimentieren und Mitmachen einlädt (Petrusplatz 4, Neu-Ulm, Tel.: 07 31 / 70 50 25 55, Di und Mi 13–17 Uhr, Do, Fr und Sa 13–18 Uhr, So 10–18 Uhr, Erw. 5 €, Jugendliche 15–18 J. 1 €, Kinder bis 14 J. frei, www.edwinscharffmuseum.de).
Ein beliebtes Ausflugsziel ist das **Donauschwäbische Zentralmuseum**, das zu einer Reise in den Südosten Europas einlädt und die Kultur sowie Geschichte der Donauschwaben näher beleuchtet (Schillerstraße 1, Tel.: 07 31 / 96 25 40, Di bis So 11–17 Uhr, Erw. 4,50 €, ermäßigt 3,50 €, www.dzm-museum.de).

ESSEN & TRINKEN

Urig
Zunfthaus der Schiffleute
Fischergasse 31, 89073 Ulm
Tel.: 07 31 / 6 44 11
www.zunfthaus-ulm.de
In dem rund 60 Jahre alten Fachwerkhaus werden Gäste mit schwäbischen Köstlichkeiten wie Maultaschen, Rostbraten und Vesperplatten verwöhnt. Tgl. geöffnet.

FRIEDRICHSAU

TIPP

Zum Spazieren und Erholen lädt die Friedrichsau ein, ein 1811 vom württembergischen König gestifteter Park. Neben einem botanischen Garten befindet sich hier heute zusätzlich der Tiergarten mit Aquarium und Tropenhaus, den besonders Kinder gerne besuchen.

Tiergarten Ulm Friedrichsau
Friedrichsau 40
89073 Ulm
Tel.: 07 31 / 1 61 67 42
April–Sept. tgl. 10–18 Uhr,
Okt.–März tgl. 10–17 Uhr,
Erw. 5 €, Kinder 4–14 Jahre 3 €.
www.tiergarten.ulm.de

Biergarten
Wirtshaus zum Silberwald
Illerholzweg 30
89231 Neu-Ulm-Ludwigsfeld
Tel.: 07 31 / 8 17 76
www.silberwald-neu-ulm.de
Leckeres aus der Region kommt in dem gemütlichen Wirtshaus auf den Tisch. Je nach Saison stehen auch Wildbret, Gans und Ente auf der Speisekarte. Di und Mi Ruhetage.

Historisches Flair
Brauerei-Gasthaus Schlössle
Schlössleweg 3
89231 Neu-Ulm-Offenhausen
Tel.: 07 31 / 7 73 90
www.schloessle.com
Das urige Restaurant in dem über 650 Jahre alten Patriziersitz beeindruckt mit einer traditionell schwäbischen Küche. Tgl. geöffnet.

▶ *Der Blautopf mit Hammerschmiede.*

ABENDGESTALTUNG

KCC-Theatercafé
Pfarrer-Weiß-Weg 16–18
89077 Ulm-Söflingen
Tel.: 07 31 / 3 87 07 67
www.kcctheater.de
Zu Komödien, Kabarett oder Comedy genießt man ein leckeres Buffet.

SERVICEINFO

Tourist-Info
Münsterplatz 50, 89073 Ulm
Tel.: 07 31 / 1 61 28 30
www.tourismus.ulm.de

▶ BLAUBEUREN

11.800 Einwohner

In idyllischer Lage am Südrand der Schwäbischen Alb liegt die Blautopfstadt Blaubeuren. Eingebettet im Urdonautal ist die mittelalterliche Kernstadt von felsigen Waldhängen gesäumt. Aus dem 1085 erbauten Benediktinerkloster hervorgegangen erhielt Blaubeuren 1267 Stadtrecht und Wappen. Zahlreiche eindrucksvolle Fachwerkbauten in der romantischen Altstadt geben Zeugnis von der Blütezeit im 15. Jh.

Seine Bekanntheit verdankt Blaubeuren dem **Blautopf**, der wohl schönsten Karstquelle. Geheimnisvoll schimmert das Wasser blau und türkis in dem 21 m tiefen Quelltopf, der aus einem 160 qm weit verzweigten Karstgebiet von Höhlen und Spalten der Mittleren Alb gespeist wird. Bis zu einer Länge von 10 km ist das unterirdische Höhlensystem mittlerweile von Tauchern und Höhlenforschern erkundet. Umfangreiche Informationen zum Höhlensystem findet der Besucher direkt am Ufer der Quelle. Nach der Erzählung von Eduard Mörike lebte im Blautopf einst die „Schöne Lau" als verbannte Wassernixe. Sie lernte das Lachen am Blautopf wieder und auch den schwäbischen Zungenbrecher: „'S leit a Klötzle Blei glei bei Blaubeira, glei bei Blaubeira leit a Klötzle Blei".

An den Wochenenden sprühen in der Hammerschmiede am Blautopf zuweilen die Funken, wenn der

Schmied das glühende Eisen zu filigranen Kunst- und Gebrauchsgegenstände verarbeitet an (Hammerschmiede am Blautopf, Blautopfstraße 9, Tel. 0 73 44 / 92 10 27; März bis Okt. tgl. 9 – 18 Uhr, Nov., Jan. bis Feb. Sa, So, feiertags 11 – 6 Uhr, Eintritt 2,50 €, ermäßigt 6 – 16 Jahre 2 €; www.blautopf.de). Direkt vor der Schmiede bietet das Blautopfbähnle spannende Erkundungstouren durch die Altstadt und in die Umgebung an (Blautopfbähnle, Tel. 0 73 44 / 96 30 30; April bis Okt. Fr 14.30 u. 16 Uhr, Sa, So, feiertags 11, 14, 15.30 und 17 Uhr, Fahrpreis 2014 7,50 €, ermäßigt 3 – 14 Jahre 4,50 €; www.auto-mann.com).
In unmittelbarer Nachbarschaft befindet sich die Klosteranlage, die vom Grafen von Ruck und den Pfalzgrafen von Tübingen gegründet wurde. Ein kunsthistorisches Meisterwerk ist die Klosterkirche mit dem Hochaltar von 1493 und dem Chorgestühl (Kloster, Klosterhof 2, Tel. 0 73 44 / 92 26 25; März bis Okt. tgl. 10 – 18 hr, Nov. bis Feb. Mo bis Fr 14 – 16 Uhr, Sa, So, feiertags 11 – 16 Uhr; Eintritt 2,50 €, ermäßigt 8 – 18 Jahre 2 €; www.seminar-blaubeuren.de).
Was dem modernen Mensch die Wellness-Oase ist, war im Mittelalter das Badhaus: Im Blaubeurer Kloster steht das in Deutschland einzig erhaltene seiner Art. Das Badhaus der Mönche ist das bundesweit einzig erhaltene seiner Art und beheimatet heute das Heimatmuseum (Heimatmuseum, Klosterhof 11, Tel. 0 73 44 / 92 10 26, Ende März bis Okt. Di bis Fr 10 – 16 Uhr, Sa u. So 10 - 17 Uhr; Eintritt 1,50 €, ermäßigt 7 – 18 Jahre 1 €).

SERVICEINFO

Touristinformation Blaubeuren
Kirchplatz 10
89143 Blaubeuren
Tel. 0 73 44 / 96 69 90
tourist@blauberuen.de
www.blaubeuren.de

URGESCHICHTLICHES MUSEUM

!TIPP

Die Höhlen am Südrand der Schwäbischen Alb gehören zu den wichtigsten altsteinzeitlichen Fundstellen der Welt. Hier entwickelten die frühen modernen Menschen vor 40.000 Jahren nicht nur neue Werkzeugtechniken, sondern schufen Tier- und Menschenfiguren aus Mammutelfenbein, die die ältesten bekannten Kunstwerke der Menschheit sind. Funde von Musikinstrumenten und eiszeitlichem Schmuck belegen das neue Selbstbewusstsein des Menschen. In den Schatzkammern des urmu werden die einmaligen Kunstwerke vorgestellt.

Urgeschichtliches Museum (urmu)
Kirchplatz 10
89143 Blaubeuren
Tel. 0 73 44 / 96 69 – 90
info@urmu.de
www.urmu.de
15. März bis Nov. Di bis So.
11 – 17 Uhr, 1. Dez. bis 14. März, Di + Sa 14 – 17 Uhr, So 11 – 17 Uhr
Festpresi 4,50 €, ermäßigt 7 - 18 Jahre 2,50 €, bis 6 Jahre frei

▶ SCHELKLINGEN

7.100 Einwohner

Im Tal der Ur-Donau, durch das heute die Aach fließt, liegt die ehemals österreichische Stadt Schelklingen. Auf einem Hügel über der Stadt ragt die **Burgruine Hohenschelklingen** aus dem 11. Jh. auf. Wie die Gegend zu dieser Zeit aussah und wie sich der Ort im Laufe der Zeit entwickelte, erfährt man im **Stadtmuseum**, das in einem prächtigen Fachwerkgebäude untergebracht ist (Spitalgasse 6, Mobil: 01 51 / 23 07 09 62, So 10–12 und 14–16 Uhr, Erw. 2 €, Kinder 1 €, www.museum-schelklingen.de). Einen Besuch lohnt auch die **St. Afrakapelle** am Friedhof (um 1300), die mit kunstvollen Fresken beeindruckt. Etwa 2 km nordwestlich der Stadt steht am Quelltopf der Aach das einstige **Benediktinerkloster Urspring** mit einer sehenswerten Barockkirche.

HOHLER FELS

!TIPP

Auf der rechten Seite der Aach befindet sich mit dem Hohlen Fels eine der bedeutendsten urgeschichtlichen Forschungsstellen. Knochen-, Zahn- und Werkzeugfunde zeugen von einer mehr als 40.000 Jahre alten Besiedlung der Stätte, die heute zu besichtigen ist.

Hohler Fels
Hohler-Felsen-Weg, Schelklingen
www.museum-schelklingen.de
Besichtigung nach Voranmeldung von Mai–Okt.; So 14–17 Uhr, Führungen nach Anfrage, Erw. 2 €, Kinder 1 €.

SPORT & FREIZEIT

Freibad
Hohler-Felsen-Weg, Schelklingen
Tel.: 0 73 94 / 23 01
www.freibad-schelklingen.de
Jun–Mitte Sept. tgl. 10 – 20 Uhr, Erwachsene 2,50 €, Kinder 1,50 €. Freibad mit Schwimmbecken, Rutsche und großen Liegeflächen.

SERVICEINFO

Stadt Schelklingen
Marktstraße 15
89601 Schelklingen
Tel.: 0 73 94 / 24 80
www.schelklingen.de

▶ EHINGEN

25.000 Einwohner

Am Ufer des Donauflüsschens Schmiech breitet sich die Altstadt von Ehingen aus, die im 13. Jh. von den Berger Grafen gegründet wurde. Gerber- und Weberzünfte sorgten im 15. Jh. für beachtlichen Wohlstand, dem jedoch der Dreißigjährige Krieg ein Ende setzte. Erst der Anschluss an das Eisenbahnnetz im Jahr 1869 führte zu einem wirtschaftlichen Aufschwung, sodass sich die Stadt zu einem lebhaften Industrie- und Handelsstandort entwickeln konnte. Die prämierte **Bierkulturstadt** bietet eine im „Ländle" einzigartige Erlebniswelt zum Thema Bierkultur. Vier historische, unabhängige Brauereien mit jahrhundertealter Unternehmensgeschichte lassen Gäste in die reiche und lebendige Bierhistorie eintauchen.

Rundgang durch die Altstadt

Türme und Giebel prägen das Bild der Altstadt, deren Mittelpunkt der **Marktplatz** mit seinem markanten Brunnen bildet. Rund um den Platz erinnern mehrere prächtige Bauwerke an die bewegte Vergangenheit der Stadt: das barocke **Rathaus**, das einstige **Ständehaus** und der **Ellerbacher Hof**, auch „Schlösschen am Markt" genannt. Nicht weit davon entfernt ragt die **St. Blasius-Kirche** über den Dächern auf, deren Inneres von zahlreichen Seitenaltären und kunstvollen Ornamenten geschmückt wird. Der bedeutendste Sakralbau der Stadt ist die **Konviktskirche**, die im 17. Jh. errichtet wurde und als einer der schönsten Barockbauten Süddeutschlands gilt. Zur Ausstattung gehören ein meisterhaftes Altarbild, das den Marientod zeigt, kunstvolle Fresken und italienisch anmutende, filigrane Stuckaturen. Aus dem 16. Jh. stammt das **Heilig-Geist-Spital** am Viehmarkt, ein wunderschönes Fachwerkhaus mit Rundbögen und Ziegelbemalung, in dem sich heute das **Stadtmuseum** mit sehenswerten Zeugnissen der Geschichte von Stadt und Umland befindet. Neben Exponaten von Mundartdichtern und historischem Apothekeninventar ist auch eine alte Schulstube von 1850 zu sehen (Am Viehmarkt, Tel.: 0 73 91 / 50 35 31, Mi 10–12 und 14–17 Uhr, Sa und So 14–17 Uhr, Erw. 3,50 €, Jugendl. ab 14 J. 2 €).

Am Ende des Rundgangs lohnt sich ein Abstecher in den Westen der Stadt zur ehemaligen **Wallfahrtskirche „Unserer lieben Frau in Ehingen"**. Hinter dem schlichten Äußeren verbergen sich prunkvolle Altäre und das Mitte des 15. Jh. in Ulm entstandene steinerne Gnadenbild.

▶ *Das Heilig-Geist-Spital.*

!TIPP

SCHLOSS MOCHENTAL

Im idyllischen Kirchener Tal, das westlich von Ehingen zum Wandern und Radfahren einlädt, ist schon von Weitem das imposante Schloss Mochental zu sehen. Besonders Freunde der Kunst kommen in der 1734 fertig gestellten, dreiflügeligen Anlage, die früher als Probstei diente, auf ihre Kosten. Heute befinden sich in den prachtvollen Räumen eine Kunstgalerie mit Werken von der klassischen Moderne bis zur Gegenwart sowie ein Besenmuseum, das Besen aus aller Welt zur Schau stellt.

Schloss Mochental
Ehingen
Tel.: 0 73 75 / 4 18
www.galerie-schrade.de
Di bis Sa 13–17 Uhr, So und feiertags 11–17 Uhr, Erw. 4 €, Kinder 1 €.

SPORT & FREIZEIT

Freibad Ehingen
Müllerstraße 35, Ehingen
Tel.: 0 73 91 / 77 01 50
freibad.ehingen.de
Mai–Aug. tgl. 9–20 Uhr, Sept. 9–19 Uhr, Mi bereits ab 7 Uhr, Erwachsene 2,70 €, Kinder 1,50 €.
Das Erlebnis-Freibad wartet mit zahlreichen Attraktionen wie Strömungskanal, Sprungtürme, Riesenrutsche und Wasserkaskaden.

SERVICEINFO

Tourist-Info
Marktplatz 1, 89584 Ehingen
Tel.: 0 73 91 / 50 32 16
www.ehingen.de
www.bierkulturstadt.info

▶ RIEDLINGEN

10.200 Einwohner

Zwischen den Ausläufern der Schwäbischen Alb und dem 767 m hohen Bussen, dem „heiligen Berg" Oberschwabens, liegt das schmucke Städtchen, das sich seinen mittelalterlichen Kern bewahren konnte.
Rund um den **Marktplatz** gruppieren sich Bürgerhäuser aus dem 17. und 18. Jh., deren Fassaden mit viel Fachwerk verziert sind. Aus dem 15. Jh. stammt das **Rathaus**, ein ehemaliges Kaufmannshaus mit Staffelgiebeln. Im mittelalterlichen Fachwerkhaus „Schöne Stiege" befindet sich das **Städtische Museum**, das über die Geschichte der Stadt informiert. Hier ist auch eine Sammlung kunstvoller

Hinterglasbilder aus dem 18. und 19. Jh. zu finden (Rösslegasse 1, Tel.: 0 73 71 / 90 96 33, April–Dez. Fr und Sa 15–17 Uhr, So und feiertags 14–17 Uhr, Erw. 2 €, ermäßigt 1 €, www.museum-riedlingen.de). Überragt wird die Altstadt vom **Zellemeesturm**, dem einstigen Gefängnis, und dem 43 m hohen Turm der **St.-Georg-Kirche**. Das im 14. Jh. erbaute Gotteshaus mit spätgotischen Wandmalereien, wertvoller Orgel und kunstvollem Sterngewölbe über dem Chor gilt als Wahrzeichen der Stadt.

SERVICEINFO

Stadt Riedlingen
Marktplatz 1, 88499 Riedlingen
Tel.: 0 73 71 / 18 30
www.riedlingen.de

Mittlere Alb
Burgen, Höhlen und Naturgewalten

Zwischen Reutlingen und Zwiefalten schlägt das Herz der Schwäbischen Alb: Hier gibt es etwas von allem und zwar reichlich. Wie Perlen an einer Kette reihen sich Burgruinen aneinander, während geheimnisvolle Höhlen tief ins Innere der Karstlandschaft führen und sehenswerte Museen viel Abwechslung für Kulturinteressierte bieten.

▸ TÜBINGEN

88.400 Einwohner

Unten im Neckartal, zu Füßen der Schwäbischen Alb, breitet sich die Universitätsstadt aus, die das Flair einer mittelalterlichen Altstadt mit der lebensfrohen Betriebsamkeit junger Studenten verbindet.

Geschichte

Als „Tvvingia" fand die Neckarstadt im Jahr 1078 erstmals Erwähnung und gewann an Einfluss, als die Grafen von Tübingen zu Pfalzgrafen aufstiegen und ihren Machtbereich bis zur Donau erweiterten. Knapp 40 Jahre nach der Gründung der Universität im Jahr 1477 wurde der „Tübinger Vertrag" ausgehandelt, in dem zum ersten Mal auf europäischem Festland die Grund- und Menschenrechte verankert waren. Diese Entwicklungen setzten sich bis in die heutige Zeit fort: Fast zeitgleich fanden z. B. Anfang des 20. Jh. zwei bahnbrechende Ereignisse statt: 1904 wurden die ersten Frauen zum Studium zugelassen, 1907 erhielt der Forscher Eduard Buchner den Nobelpreis für Chemie. Nach dem Zweiten Weltkrieg war Tübingen für kurze Zeit Hauptstadt des Landes Württemberg-Hohenzollern, bevor es sich anschließend zu einem modernen Dienstleistungszentrum entwickelte.

Altstadt

Ein Rundgang durch das Zentrum Tübingens, das von Bombenangriffen im Zweiten Weltkrieg verschont blieb, beginnt man am besten auf der **Neckarbrücke**, von der aus man den schönsten Blick auf die Häuserfassaden über dem Fluss hat. Vorbei an einem Rest der Stadtbefestigung, dem **Zwingel**, erreicht man eines der Tübinger Wahrzeichen, den **Hölderlinturm**. Hier lebte der bekannte Dichter Friedrich Hölderlin von 1807 bis zu seinem Tod 1843, wie man innen im Museum erfährt. Es stellt Dokumente und Briefe des Künstlers aus (Bursagasse 6, Tel.: 0 70 71 / 2 20 40, Di bis Fr 10–12 und 15–17 Uhr, Sa, So und feiertags 14–17 Uhr, Erw. 2,50 €, ermäßigt 1,50 €, www.hoelderlin-gesellschaft.de).

Nur wenige Schritte weiter erhebt sich die **Burse**, einst ein Studentenwohnheim, das kurz nach der Gründung der Universität errichtet wurde. Dahinter ragt die spätgotische **Stiftskirche** auf, die im 15. Jh. erbaut wurde und seitdem das Stadtbild entscheidend prägt. Bemerkenswert ist neben dem Chor und der Steinkanzel vor allem der Flügelaltar. Etwas oberhalb davon gelangt man zum **Evangelischen Stift**, einem ehemaligen Augustinerkloster aus dem 16. Jh., das heute als Wohnheim für Theologiestudenten dient. Von hier ist es nicht weit bis zum gut besuchten **Marktplatz**, der von dem schmucken **Rathaus** beherrscht wird, dessen Fassade eine große Sonnenuhr ziert.
Gleich in der Nähe befindet sich die **Burgsteige**, die älteste Straße der

▶ *Tübingen.*

Stadt, die steil hinauf zum Schloss Hohentübingen führt. In die andere Richtung erreicht man jedoch das **Wilhelmsstift**, eine ehemalige Ritterakademie aus dem 16. Jh., in der der adelige Nachwuchs ausgebildet wurde. Dahinter befindet sich die neugotische **St. Johannes-Kirche**, die einige sehenswerte Glasmalereien aufweist.

Über die Kornhausstraße gelangt man zum **Stadtmuseum**, das sich im 1453 erbauten Kornhaus befindet. Gezeigt werden u. a. ein Modell der Altstadt, die geschichtliche Entwicklung Tübingens sowie wechselnde Ausstellungen (Kornhausstraße 10, Tel.: 0 70 71 / 2 04 17 11, Di bis So 11–17 Uhr, Erwachsene 2,50 €, ermäßigt 1,50 €, www.tuebingen.de/stadtmuseum). Nachdem man die **Krumme Brücke** überquert hat, fällt der Blick auf die romanische **Jakobuskirche**, die im Inneren schöne Grabmäler und Schlusssteine verbirgt. Zum Abschluss des Rundgangs lohnt sich noch ein Abstecher zur **Fruchtschranne**, ein alemannisches Fachwerkgebäude aus dem 15. Jh., das zu den schönsten Bauwerken der Stadt gehört.

Museen

Mit mehreren Museen bietet Tübingen Kulturfreunden die Möglichkeit zu Streifzügen durch die Geschichte, Kunst und Wissenschaft.

Die **Kunsthalle** widmet sich neben klassischen Werken vor allem der zeitgenössischen Kunst und stellt verschiedene Werke moderner Künstler aus (wegen Sanierungensarbeiten voraussichtlich bis Anfang 2016 geschlossen, Infos unter: www.kunsthalle-tuebingen.de). Rund um Forschung und Wissenschaft dreht sich dagegen alles im **Museum der Universität Tübingen**,

▶ *Blick auf die Neckarfront in Tübingen.*

das die umfangreichen Sammlungen der traditionsreichen Universität präsentiert. Die Sammlungen befinden sich in den jeweiligen Fachbereichen, die in der gesamten Stadt verteilt sind. Daneben gibt es wechselnde Sonderausstellungen (Tel.: 0 70 71 / 2 97 64 39, Öffnungszeiten und Preise je nach Sammlung/Ausstellung, www.unimuseum.org).
Einen spannenden Einblick in den Alltag eines Klosters erhält man im **Kloster Bebenhausen**, das, eingebettet in die malerische Landschaft, ca. 5 km außerhalb der Stadt liegt. Während seiner Blütezeit zwischen dem 13. und 15. Jh. gehörte das ehemalige Zisterzienserkloster zu den reichsten Klöstern in ganz Württemberg. Heute kann die prachtvolle Anlage mit der spätromanischen Kirche, dem beeindruckenden Kreuzgang und dem Jagdschloss im Rahmen einer Führung besichtigt werden, bei der man viel Wissenswertes rund um das Klosterleben erfährt (Im Schloss 1, Tübingen-Bebenhausen, Tel.: 0 70 71 / 60 28 02, Kloster: 1. April–31. Okt. Mo 9 – 12 Uhr und 13 – 18 Uhr, Di – So 9–18 Uhr, 1. Nov.–31. März Di – So + Feiertage 10–12 Uhr und 13 – 17 Uhr, Erw. 4,50 €, ermäßigt 2,20 €, Schlossbesichtigung nur im Rahmen einer Führung: 1. April–31. Okt. Di bis Fr 11–18 Uhr, Sa, So u. Feiertage 10 – 17 Uhr, 1. Nov.–31. März Di bis Fr 14–16 Uhr, Sa, So u.Feiertage 11 – 17 Uhr www.kloster-bebenhausen.de).

SCHLOSS HOHENTÜBINGEN !TIPP

Durch ein imposantes Renaissance-Portal betritt man die vierflügelige Schlossanlage, die nach der Sprengung ihres Vorgängerbaus 1647 neu errichtet wurde. Im Rahmen einer Führung kann man die prächtigen Räume besichtigen, die mit kunstvollen Kassettendecken, Wappen und pompösen Türen ausgestattet sind. Seit 1997 präsentiert außerdem das Schlossmuseum eine umfangreiche Sammlung zur Ur- und Frühgeschichte, Archäologie, Ägyptologie und Ethnologie.

Museum Schloss Hohentübingen
Burgsteige 11, 72070 Tübingen
Tel.: 0 70 71 / 2 97 73 84
www.uni-tuebingen.de/museum-schloss
Mi bis So 10–17 Uhr, Do 10–19 Uhr, Erwachsene 5 €, ermäßigt 3 €.

ESSEN & TRINKEN

Stilvoll
Krone
Uhlandstraße 1, 72072 Tübingen
Tel.: 0 70 71 / 1 33 10
www.krone-tuebingen.de
Die regionalen Köstlichkeiten stellen auch anspruchsvolle Genießer zufrieden. Tgl. geöffnet.

Flussblick
Hotel Domizil
Wöhrdstraße 5–9, 72072 Tübingen
Tel.: 0 70 71 / 13 90
www.hotel-domizil.de
Raffinierte Küche und mediterrane Spezialitäten machen den Besuch des modernen Restaurants zu einem echten Genuss. So Ruhetag.

SPORT & FREIZEIT

Freibad Tübingen
Freibad 1, 72072 Tübingen
Tel.: 0 70 71 / 1 57-2 77
www.swtue.de
Mitte Mai–31. Juli tgl. 6–20.30 Uhr, ab 1. Aug. tgl. 6.30–20.30 Uhr, ab 20. Aug. tgl. 7–20.30 Uhr, ab 31. Aug. tgl. 7 – 20 Uhr, ab 7. Sept. 7.30 – 20 Uhr, ab 15. Sept. 7.30 – 19.45 Uhr.
Erw. 4 €, ermäßigt 2,70 €.
Freibad mit Groß- und Breitrutsche, Wasserfall, Massagedüsen, Kinderbereich, Beachvolleyball, Basketball- und Fußballplatz.

ABENDGESTALTUNG

Landestheater Tübingen
Eberhardstraße 6, 72072 Tübingen
Tel.: 0 70 71 / 1 59 20
www.landestheater-tuebingen.de
Theaterstücke, Kinder- und Jugendtheater sowie Improvisation gehören zum Programm des renommierten Landestheaters.

SERVICEINFO

Tourist- & Ticket-Center
An der Neckarbrücke 1
72072 Tübingen
Tel.: 0 70 71 / 9 13 60
www.tuebingen-info.de

▶ REUTLINGEN

112.500 Einwohner

Als Tor zur Schwäbischen Alb gilt die moderne Großstadt, die als ehemalige Freie Reichsstadt schon seit dem Mittelalter von Klosterpfleghöfen und Handwerkerzünften geprägt ist und sich im Laufe der Jahrhunderte zu einem modernen Industrie- und Wissenschaftsstandort entwickelte.

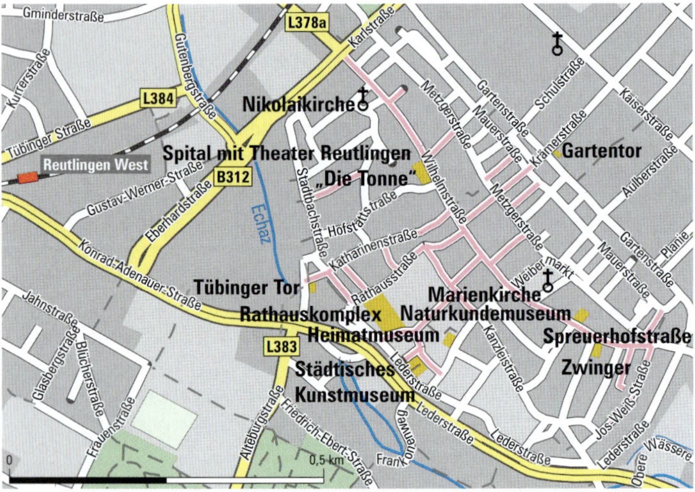

▶ *Reutlingen.*

Geschichte

Die ersten Siedlungsspuren in Reutlingen reichen bis zur Steinzeit zurück. Ab dem 4./5. Jh. gründeten die Alemannen in dem Gebiet mehrere Teilsiedlungen, deren bedeutendste beim heutigen Friedhof unter den Linden lag.
Um 1180 war die Entwicklung Reutlingens so weit vorangeschritten, dass dem Ort das Marktrecht und nur wenig später (zwischen 1220 und 1240) das Stadtrecht von Kaiser Friedrich II. verliehen wurde. Im Jahre 1495 erhielt die Freie Reichsstadt ein besonderes Privileg – das Reutlinger Asyl, welches Totschlägern, die ohne Vorsatz handelten, ein reichsrechtlich garantiertes Asyl gewährte. Schon 1374 war die damals erlassene Verfassungsordnung zur Grundlage einer demokratisch-zünftischen Tradition geworden. In der Gründung eines „Volksvereins", der Errichtung einer Bürgerwehr sowie zahlreichen Kundgebungen erfuhren später die Ideen der Revolution 1848/49 ihre praktische Umsetzung. Zu Pfingsten 1849 gipfelte die Protestbewegung in einer großen Versammlung demokratischer Volksvereine.
Seit dem Ende des Zweiten Weltkriegs wuchs Reutlingen zu einer modernen Stadt heran, wobei heute vor allem die elektrotechnische Industrie und der Dienstleistungssektor im Vordergrund stehen. Seit 1988 kommt Reutlingen der Rang einer Großstadt zu.

► *Das Gartentor.*

Stadtrundgang

Wer den Rundgang durch Reutlingens Innenstadt an der Wilhelmstraße, die sich als Hauptachse durch das Zentrum zieht, beginnt, trifft als erstes auf die **Nikolaikirche**, die 1358 geweiht wurde. Davor plätschert der kunstvoll gestaltete Gerber- und Färberbrunnen, der symbolisch für den Reutlinger Gewerbefleiß steht. Wenige Schritte weiter erreicht man den Marktplatz, dessen Nordostseite von dem mächtigen **Spital** eingenommen wird. 1849 tagte hier die Volksversammlung württembergischer Demokraten – heute werden die Räume u. a. vom lokalen Theater genutzt (siehe unter Abendgestaltung).
Auf der gegenüberliegenden Seite des ansprechend gestalteten Platzes befindet sich der **Rathauskomplex**, ein moderner Neubau. Ein kleines Stück weiter steht das erste der bei-

den erhaltenen mächtigen Stadttore, das **Tübinger Tor** aus dem 13. Jh. Über die Katharinenstraße und den Marktplatz zurück, erreichen wir anschließend das **Gartentor**, welches bis ins 19. Jh. als Gefängnis genutzt wurde. Von hier aus ist es nicht weit bis zur **Marienkirche**, einem der schönsten gotischen Gotteshäuser in der ganzen Region. Erbaut von 1247 bis 1343, ist das prächtige Gebäude mit seinen filigran gestalteten Turmstreben, den reich verzierten Portalen und der kunstvollen Rosette ein echter Blickfang.

Wenig Platz, dafür schöne Fotomotive erwarten die Besucher in der **Spreuerhofstraße**, die laut dem Guinnessbuch der Rekorde die engste Straße der Welt ist – an der schmalsten Stelle ist sie nur 31 cm breit. Die Gasse entstand nach dem verheerenden Stadtbrand von 1726 und liegt in Nachbarschaft zur Jos-Weiß-Straße. Hier wurden seit dem 18. Jh. Stadtmauerhäuser in den **Zwinger** hineingebaut. Dort, wo die Jos-Weiß-Straße beginnt, sind ein Teil der Hauptmauer mit Wehrturm („Kesselturm") sowie ein Stück Zwingermauer samt Rundturm erhalten.

Museen

Im einstigen Königsbronner Klosterhof aus dem frühen 14. Jh. ist heute das **Heimatmuseum** untergebracht, das die Stadtgeschichte vom Mittelalter bis zur Gegenwart sehr anschaulich mit Bildern und Exponaten dokumentiert. Zu den Schmuckstücken der Ausstellung gehören neben der Literaturabteilung eine originale Zunftstube der Weingärtner aus dem 18. Jh. sowie ein Luftschutzkeller aus dem Zweiten Weltkrieg (Oberamteistraße 22, Tel.: 0 71 21 / 3 03 20 50, Di bis Sa 11 – 17 Uhr, Do 11 – 19 Uhr, So und feiertags 11 – 18 Uhr, Eintritt frei).

► *Das Tübinger Tor.*

Im Spendhaus, ein hoch aufragender Fachwerkbau aus dem Jahr 1518 und gleichzeitig eines der ältesten Gebäude der Stadt, befindet sich das **Städtische Kunstmuseum.** Vor allem dem künstlerischen Hochdruck des 20. und 21. Jh. wird hier besondere Aufmerksamkeit geschenkt. Verantwortlich dafür sind die beiden mit Reutlingen verbundenen Holzschneider Wilhelm Laage (1868–1930) und HAP Grieshaber (1909–1981), die zur heutigen Ausdruckskraft dieser Kunstform maßgeblich beigetragen haben (Spendhausstraße 4, Tel.: 0 71 21 / 3 03 23 22, Di bis Sa 11–17 Uhr, Do 11–19 Uhr, So und feiertags 11–18 Uhr, Eintritt frei).
Rund um die Themen Erdgeschichte sowie Flora und Fauna der Schwäbischen Alb dreht sich dagegen alles im **Naturkundemuseum** im alten Lyzeum. Auf vier Etagen erfahren Besucher in dem malerischen Fachwerkbau viel Wissenswertes über Streuobstwiesen, Wacholderheiden und einen alten Vulkan, den es seit 14 Mio. Jahren im Untergrund gibt (Am Weibermarkt 4, Tel.: 0 71 21 / 3 03 20 22, Di und Mi 11–17 Uhr, Do 11–19 Uhr, Fr und Sa 11–17 Uhr, So und feiertags 11–18 Uhr, Eintritt frei).

ESSEN & TRINKEN

Stilvoll

Restaurant Hotel Achalm
Achalm, 72766 Reutlingen
Tel.: 0 71 21 / 48 24 82
www.achalm.com

HAUSBERGE

Gleich zwei Hausberge nennt Reutlingen sein Eigen: die 707 m ü. NN hohe Achalm und den 602 m ü. NN hohen Georgenberg. Ersterer ragt im Norden der Stadt auf und ist ein Weißjura-Zeugenberg. Von seinem Gipfel hat man einen herrlichen Rundblick. Im Süden der Stadt erhebt sich dagegen der Überrest eines kleinen Vulkans, dessen sonnenbeschienene Hänge mit Weinreben, Beerenbüschen und Obstbäumen überzogen sind.

Hinter großen Panoramafenstern kommt man in den Genuss einer kreativen regionalen und saisonalen Küche. Tgl. geöffnet.

Am Neckar

Hotel-Restaurant Klostermühle
Neckartenzlinger Straße 90
72766 Reutlingen-Mittelstadt
Tel.: 0 71 27 / 8 11 70
www.klostermuehle-reutlingen.de
In dem Fachwerkgebäude werden Köstlichkeiten aus der Schwäbischen Küche sowie Wild- und Fischspezialitäten gereicht. Tgl. geöffnet.

SPORT & FREIZEIT

Wellenfreibad Markwasen
Hermann-Hesse-Straße 40
72762 Reutlingen
Tel.: 0 71 21 / 5 82 37 92
www.stadtwerke-reutlingen.de
Mai–Anfang Sept. Mo, Mi und Fr 6.30–20 Uhr, Di, Do, Sa, So und feiertags 7.30–20 Uhr, Erwachsene 3,80 €, Kinder 2,10 €.
Das Freibad mit großflächigen Lie-

gewiesen bietet mit Wellenbecken, Riesenrutsche, Sprungturmanlage und Matschbereich Badespaß vom Feinsten für Kinder und Erwachsene.

ABENDGESTALTUNG

Theater Reutlingen Die Tonne
Wilhelmstraße 69
72764 Reutlingen
Tel.: 0 71 21 / 9 37 70
www.theater-reutlingen.de
Kleinkunst, Theater und Kabarett im alten Spitalhof.

SERVICEINFO

Tourist Information Reutlingen
Marktplatz 2
72764 Reutlingen
Tel.: 0 71 21 / 93 93 53 53
www.tourismus-reutlingen.de

▶ PFULLINGEN

18.700 Einwohner

Im Süden von Reutlingen, direkt hinter der Stadtgrenze, beginnt die Stadt Pfullingen, deren Reize sich erst auf den zweiten Blick offenbaren. In der verkehrsberuhigten Innenstadt befinden sich nicht nur schöne, parkähnliche Grünflächen, sondern auch einige bemerkenswerte Baudenkmäler. Auf den Fundamenten von vier Vorgängerkirchen steht die markante **Martinskirche**, die innen mit einem spätgotischen Chor und filigranem Stabwerk ausgestattet ist. Gegenüber befinden sich das stattliche Rathaus II, Ende des 17. Jh. als Markt- und Kornhaus errichtet, sowie das kleinere Rathaus I aus dem 15. Jh. – beide mit beeindruckenden Fachwerkfassaden.
Südlich der Altstadt trifft man auf Relikte des ehemaligen Klarissenklosters der heiligen Cäcilie aus dem Jahr 1252. In der restaurierten **Klosterkirche** finden heute Konzerte und Ausstellungen statt. Im Klostergarten fällt das eiserne Sprechgitter auf, das die einzige Verbindung der Nonnen zur Außenwelt darstellte und einzigartig ist in Europa.
Bemerkenswert sind außerdem die **Pfullinger Hallen** mit großflächigen Wandgemälden, die Anfang des 20. Jh. als Turn- und Festhalle durch den Architekten Theodor Fischer errichtet wurden.

Museen

Im Schlössle in der Griesstraße 24/1, einem Fachwerkbau aus dem 15. Jh., der als Musterbeispiel eines spätmittelalterlichen alemannischen Fachwerkgebäudes gilt, lohnt das **Stadtgeschichtliche Museum** einen Besuch. Neben der historischen Entwicklung präsentiert es auch wechselnde Ausstellungen.
Am Ufer der Echaz, in der funktionstüchtigen Getreidemühle (Josefstraße 5/2), befindet sich das **Trachten- und Mühlenmuseum**, das auf vier Stockwerken nicht nur die schönsten Trachten des ehemaligen Königreichs Württemberg ausstellt, sondern auch als Informationszentrum des Biosphärengebietes Schwäbische Alb fungiert.
Im sogenannten **Waschhaus** auf dem Klosterareal (Klostergarten 2)

► *Am Pfullinger Marktplatz.*

wird seit dem Jahr 2010 eine eindrucksvolle Multimedia-Ausstellung über das Leben der Pfullinger Klarissen präsentiert.
Daneben, in der Klosterstraße 28, befindet sich die **Neske-Bibliothek,** eine literarische Gedenkstätte des Landes Baden-Württemberg.
Alle Museen sind geöffnet von Mai–Okt. So und feiertags 14–17 Uhr, der Eintritt ist frei. Weitere Informationen bei der Tourist-Info.

ESSEN & TRINKEN

Deutsche Küche

Hotel Restaurant Berg-Brauereiausschank Klostergarten
Klosterstraße 30, 72793 Pfullingen
Tel.: 0 71 21 / 99 41-0
www.klostergarten-pfullingen.de
Regionale Gerichte, die in den Sommermonaten im sonnigen Biergarten serviert werden. Tgl. geöffnet.

SERVICEINFO

Tourist-Info
Griesstraße 6
72793 Pfullingen
Tel.: 0 71 21 / 70 30-0
www.pfullingen.de

► METZINGEN 5

22.000 Einwohner

Zwischen Neckar- und Ermstal erstreckt sich Metzingen, einer der wenigen Weinorte der Schwäbischen Alb. Schon im 13. Jh. besaßen mehrere Kloster Weingüter rings um den Ort. Quirliger Mittelpunkt der Stadt ist heute der **Lindenplatz**, den viele bekannte Fabrikverkäufe säumen, für die Metzingen bekannt ist. Labels wie Hugo Boss, Calvin Klein, Joop, Adidas u. v. m. locken schnäppchenfreudige Besucher aus nah und fern an. Mitten in der Altstadt, am Kelternplatz, befindet sich außerdem das einmalige Gebäudeensemble der **sieben Keltern**. In der Inneren Heiligenkelter befindet sich die Vinothek, eine Verkaufsstelle der Weingärtnergenossenschaft, sowie mehrere Gastronomiebetriebe. In der Herrschaftskelter ist heute das **Weinbaumuseum** untergebracht (Am Klosterhof 6, Fr 17–20 Uhr, Sa 11–14 Uhr, So 11–18 Uhr, Erwachsene 2,50 €, Kinder 1,50 €, www.weinbaumuseum-metzingen.de).

ESSEN & TRINKEN

Gehoben

Hotel Restaurant Schwanen
Bei der Martinskirche 10, Metzingen
Tel.: 0 71 23 / 94 60
www.schwanen-metzingen.de
Schwäbisch-saisonale Küche auf hohem Niveau wird in dem eleganten Hotel-Restaurant serviert. Tgl. geöffnet.

Eigener Anbau

Rebstöckle
Kelternstraße 35
Metzingen-Neuhausen
Tel.: 0 71 23 / 44 68
www.landgasthof-rebstoeckle.com
Der Landgasthof bietet neben typischen Gerichten aus Schwaben selbstgemachte Wurst- und Fleischspezialitäten. Mo u. Di Ruhetage.

SERVICEINFO

Touristinformation
Am Lindenplatz 4
72555 Metzingen
Tel.: 0 71 23 / 9 25 - 3 26
www.metzingen.de

▶ NEUFFEN

6.200 Einwohner

In die kesselförmige Steinachschlucht schmiegt sich die schmucke Kleinstadt Neuffen, deren Wurzeln im 12. Jh. zu finden sind. Neben einem hübschen Stadtkern, der mit zahlreichen Fachwerkhäusern, dem Rathaus und der Pfarrkirche aus dem 14. Jh. aufwartet, lohnt vor allem die **Burgruine Hohenneuffen** einen Besuch. Auf einer 743 m ü. NN hohen Bergkuppe wurde die Festung im 11. Jh. als Sitz der Edelfreien von Neuffen errichtet – später residierte Graf Ulrich IV. von Württemberg in der Burg. Bis heute sind neben den drei Rundtürmen auch der Pulverturm sowie die Schild- und Ringmauer erhalten, sodass auch die Ruine noch das Flair der einstigen Macht versprüht.

Ausflug nach Beuren

Etwa 3 km nordöstlich von Neuffen liegt der kleine Kurort Beuren in einer Bucht des Albtraufs. Nach erfolgreichen Thermalwasserbohrungen in den 1970er Jahren lädt heute die **Panorama-Therme** zu einem entspannenden Wellnesstag ein (siehe unter Sport & Freizeit). Am Ortsrand befindet sich außerdem ein sehenswertes **Freilichtmuseum** mit rund 20 historischen Gebäuden, die das bäuerliche Leben von einst dokumentieren. Besonders spannend sind die Vorführungen der alten Handwerkskünste, bei denen man Schmieden, Bäckern

► *Blick auf Neuffen.*

oder Schäfern bei ihrer Arbeit über die Schulter schauen kann. Oldtimertreffen, Mostfeste und Backtage runden das Programm ab (In den Herbstwiesen, Tel.: 0 70 25 / 91 19 00, Mitte/Ende März – Anfang Nov. Di – So + Feiertage 9 – 18 Uhr, Erwachsene 7 €, Kinder 6–17 Jahre 3,50 €, www.freilichtmuseum-beuren.de).

ESSEN & TRINKEN

✕ *Burgromantik*

Restaurant Burg Hohen Neuffen
Burg Hohen Neuffen
72637 Neuffen
Tel.: 0 70 25 / 22 06
www.hohenneuffen.de
In historischem Ambiente lässt man sich Leckeres aus der schwäbischen Küche schmecken. Variierende Öffnungszeiten.

SPORT & FREIZEIT

Panorama Therme Beuren
Am Thermalbad 5, 72660 Beuren
Tel.: 0 70 25 / 91 05 00
www.beuren.de
So bis Do 8–22 Uhr, Fr und Sa 8–23 Uhr, Tageskarte werktags 14 €, Sa/So/feiertags 15 €.
Die Panoramatherme offeriert nicht nur eine großzügig angelegte Wellnesslandschaft mit warmen Thermalbecken, beheiztem Außenbereich, Eistrog, Barfußpfad und Kneipptretbecken, sondern auch eine moderne Saunaoase.

SERVICINFO

Stadtverwaltung Neuffen
Hauptstraße 19
72639 Neuffen
Tel.: 0 70 25 / 10 60
www.neuffen.de

▶ BAD URACH

12.300 Einwohner

An die ruhmreiche Vergangenheit der ehemaligen Residenzstadt der Grafen von Württemberg erinnern nicht nur das prachtvolle Schloss, sondern auch die vielen pittoresken Fachwerkhäuser in der Altstadt.

Stadtrundgang

Der mittelalterliche Marktplatz wird von dem mächtigen **Rathaus** aus dem 15. Jh. beherrscht, dessen Fassade mit dekorativem Fachwerk verziert ist. Davor plätschert der **Marktbrunnen** munter vor sich hin, eine über 8 m hohe Turmpyramide. Hinter dem Marktplatz ragt die **Stiftskirche St. Amandus** auf, ein spätgotisches Gotteshaus, das im Inneren einen reich verzierten Taufstein, einen geschnitzten Betstuhl und Rittergrabmale verbirgt.
Direkt an die Stiftskirche angeschlossen ist der ehemalige **Mönchshof**, ein mächtiger Gebäudekomplex, der sich um einen kleinen Innenhof gruppiert.
Lohnenswert ist auch ein Abstecher zur **Klostermühle**, in der sich heute das **Stadtmuseum** befindet. Auf drei Etagen präsentiert das Museum eine Wasserkraftanlage, welche für den Mühlenbetrieb nötig war, eine Grammophonsammlung mit Raritäten und wechselnde Kunstausstellungen (Hermann-Prey-Platz 3, Tel.: 0 71 25 / 9 46 06, Di, Mi, Fr und Sa 14–17 Uhr, Do 14–18 Uhr, So 10–12 und 13–17 Uhr, Feiertage geschlossen, Erw. 2 €, ermäßigt 1 €).

Ausflugsziele

Südlich des Kurortes erhebt sich auf einem Bergkegel die **Ruine Hohenurach**, die im 11. Jh. errichtet wurde. Nachdem das Haus Württemberg die Festung im Jahr 1264 erwarb, wurde sie weiter ausgebaut, bis sie schließlich im 17. Jh. verfiel. Dennoch sind noch einige Reste der Anlage zu sehen, die einen Einblick von der einstigen Größe vermitteln. Ein beliebtes Ausflugsziel ist auch der **Bad Uracher Wasserfall**. Über einen Felsvorsprung stürzt das Wasser hier rund 100 m in die Tiefe, 37 m davon im freien Fall, die weiteren über sogenannte Tufftreppen – ein faszinierendes Naturschauspiel.

SCHLOSS URACH

Nach dem Vorbild des Stuttgarter Schlosses entstand im 15. Jh. der weitläufige Residenzbau mit zwei Fachwerkstockwerken auf einem massiven Steinsockel. Während die oberen Etagen als Wohn- und Repräsentationsräume genutzt wurden, diente das Erdgeschoss als Gesindehalle. Bei einer Besichtigung kann man die prächtige Ausstattung im weißen Saal, dem Speisesaal, und dem prunkvollen Festsaal aus nächster Nähe bestaunen.

Schloss Urach
Bismarckstraße 18, Bad Urach
Tel.: 0 71 25 / 15 84 90
www.schloss-urach.de
1 April–31. Okt. Di bis So und feiertags 10–17 Uhr, 1. Nov.–31. März Mi + Fr 13–16 Uhr, Di und Do 10–16 Uhr, Sa, So und feiertags 12–17 Uhr, Erwachsene 4 €, ermäßigt 2 €.

ESSEN & TRINKEN

In der Altstadt

Hotel Restaurant Vier Jahreszeiten
Stuttgarterstraße 5, Bad Urach
Tel.: 0 71 25 / 9 43 40
www.flairhotel-vierjahreszeiten.de
Getreu dem Motto „Schmeck den Süden" kommen regionale Gerichte je nach Saison in dem stilvollen Restaurant auf den Tisch. Tgl. geöffnet.

Am Marktplatz

Wirtshaus Laurentia
Marktplatz 7, Bad Urach
Tel.: 0 71 25 / 83 79
www.zurlaurentia.eu
In gemütlicher Wirtshausatmosphäre genießt man schwäbische und alpenländische Küche.

▶ *Am Bad Uracher Marktplatz.*

SPORT & FREIZEIT

AlbThermen
Bei den Thermen 2, Bad Urach
Tel.: 0 71 25 / 9 43 60
www.albthermen.de
Mo bis Do 8.30–22 Uhr, Fr und Sa 8.30–23 Uhr, So und feiertags 8.30–21 Uhr, Erw. ab 14,20 €, ermäßigt ab 13,20 €.
Großzügiges Thermalbad mit Heilwasser aus 700 m Tiefe, Massagebecken, Ruheraum, Blautopf und einer weitläufigen Saunalandschaft.

SERVICEINFO

Kurverwaltung
Bei den Thermen 4
72574 Bad Urach
Tel.: 0 71 25 / 9 43 20
www.badurach.de

▶ SONNENBÜHL

7.000 Einwohner

Nach dem Zusammenschluss der Ortsteile Erpfingen, Genkingen, Undingen und Willmandingen ist die Gemeinde Sonnenbühl heute das touristische Zentrum der Sonnenalb, wie die hoch gelegene Ferienregion liebevoll genannt wird.
Absoluter Besuchermagnet ist die faszinierende **Bärenhöhle**, die rund 270 m tief begehbar ist. Während ihr vorderer Teil, die Karlshöhle, bereits 1834 entdeckt wurde, traf man erst 1949 auf den hinteren Teil mit seinen markanten Sinterbildungen, Tropfsteinen und Tierskeletten (1. April–31. Okt. tgl. 9–17.30 Uhr, Nov. und März Sa, So und feiertags 9–17 Uhr, Erwachsene 4

€, Kinder 6–14 Jahre 2,50 €, www.hoehlenwelten-sonnenbuehl.de). Einen Besuch lohnt außerdem das **Ostereimuseum**, das einzige seiner Art in Deutschland, in dem kunstvoll verzierte Eier aus der ganzen Welt gezeigt werden (Steigstraße 8, Tel.: 0 71 28 / 7 74, Ende Februar–Ende Mai Di bis Sa 10–17 Uhr, So und feiertags 11–17 Uhr, Ende Mai–Anfang Nov. So 13–17 Uhr, Erwachsene 4 €, Kinder 6–14 Jahre 2,50 €).

ESSEN & TRINKEN

Regionale Köstlichkeiten

Romantik Hotel Hirsch
Im Dorf 12, Sonnenbühl-Erpfingen
Tel.: 0 71 28 / 9 29 10
www.restaurant-hotel-hirsch.de
Genuss für jeden Geschmack – entweder im romantischen Feinschmeckerrestaurant oder in der rustikalen Dorfstube, wo schwäbische Spezialitäten auf den Tisch kommen. Im Restaurant Mo und Di Ruhetag.

MIT KINDERN UNTERWEGS

Traumland
Auf der Bärenhöhle, Sonnenbühl
Tel.: 0 71 28 / 21 58
www.freizeitpark-traumland.de
April–Mitte Sept. tgl. 9.30–18 Uhr, Mitte Sept.–Mitte Nov. tgl. 9.30–17 Uhr.
Erwachsene 12,50 €, Kinder 3–11 Jahre 11,50 €.
Toller Freizeitpark mit zahlreichen Attraktionen für Jung und Alt: Ponyreiten, Jumping-Tower, Lachkabinett, Marienkäferbahn u. v. m.

SERVICEINFO

Touristinfo
Hauptstraße 2
72820 Sonnenbühl-Undingen
Tel.: 0 71 28 / 9 25 18
www.sonnenbuehl.de

▶ LICHTENSTEIN

9.000 Einwohner

Hoch über dem Echaztal thront das romantische **Schloss Lichtenstein**, eine der am meisten besuchten Sehenswürdigkeiten der Schwäbischen Alb. Schöne Staffelgiebel, Erker und ein zinnenbekrönter Turm prägen das prächtige Gebäude von 1840, das Graf Wilhelm zu Württemberg, der Herzog von Urach, errichten ließ. Bei einem Schlossrundgang kann man die prunkvollen Räume mit dem wertvollen Mobiliar und Gemälden besichtigen (Schloss Lichtenstein, Tel.: 0 71 29 / 41 02, April–Okt. tgl. 9–17.30 Uhr, Feb.–März und Nov. Sa, So und feiertags 10–16 Uhr, Schlosshof Erwachsene 2 €, Kinder 1 €, Führung Erwachsene 7 €, Kinder 3,50 €, www.schloss-lichtenstein.de).
Nicht weit vom Schloss entfernt, lohnt eine weitere Sehenswürdigkeit einen Besuch: die **Nebelhöhle**. Über 140 Stufen gelangt man hinab in eine der schönsten und größten Tropfsteinhöhlen der Schwäbischen Alb, die bereits 1486 als „Nebelloch" erwähnt wurde. Sinterterrassen, Stalagmiten und Stalaktiten verleihen der faszinierenden Unterwelt ein mystisches Flair

▶ *Hoch auf dem Felsen thront Schloss Lichtenstein.*

(Tel.: 0 71 28 / 6 05, April–Okt. tgl. 8.30–17.30 Uhr, Nov. und März So und feiertags 9–17 Uhr, Erwachsene 4 €, Kinder 6–14 Jahre 2,50 €).

ESSEN & TRINKEN

Traditionsreich

Hotel Forellenhof Rössle
Heerstraße 20
Lichtenstein-Honau
Tel.: 0 71 29 / 9 29 70
www.forellenhof-roessle.de
Leckeres aus der regionalen und saisonalen Küche wird in ansprechendem Ambiente serviert. Zu den Spezialitäten gehören Forellengerichte. Tgl. geöffnet.

Gutbürgerlich

Schlossschenke
Schloss Lichtenstein
Lichtenstein-Honau
Tel.: 0 71 29 / 6 03 81
www.schlossschenke-lichtenstein.de
Gemütliche Gartenwirtschaft mit schwäbischen Spezialitäten und Leckerem vom Grill. Im Sommer tgl. geöffnet.

SPORT & FREIZEIT

Abenteuerpark Schloss Lichtenstein
Schloss Lichtenstein, Lichtenstein
Tel.: 0 71 29 / 69 43 95
www.abenteuerpark-schlosslichtenstein.de

Wechselnde Öffnungszeiten;
Erw. 20 €, Jugendliche 16 – 17 Jahre und ermäßigt 18 €, Kinder 8–15 Jahre 15 €.
Hochseilparcours im Wald in unterschiedlichen Höhen und Schwierigkeitsgraden.

SERVICEINFO

Rathaus
Rathausplatz 17,
72805 Lichtenstein
Tel.: 0 71 29 / 69 60
www.gemeinde-lichtenstein.de

▸ TROCHTELFINGEN

6.400 Einwohner

Auf eine reiche Vergangenheit schaut die schmucke Kleinstadt zurück, die man am besten bei einem Spaziergang durch die malerischen Gassen erkundet.
In der Oberen Marktstraße trifft man auf prächtige **Fachwerkhäuser**, die alle aus dem 17. und 18. Jh. stammen. Durch sein markantes Aussehen ist der **Hohe Turm** ein echter Blickfang, ein runder Geschützturm aus dem 16. Jh. Deutlich älter ist die **St. Martins-Kirche**, die im 13. Jh. errichtet wurde und ein sehenswertes Deckengemälde sowie schöne Wandmalereien zeigt.
Das ehemalige **Schloss**, das die Grafen von Werdenberg-Heiligenberg erbauten, wird heute als Schulhaus genutzt. Dekorative Staffelgiebel schmücken das stattliche Gebäude. Die historische Kernstadt kann bei einer Stadtführung hautnah erlebt werden.
Im Stadtteil Steinhilben wird ein Besuch des **Aussichtsturms Augstberg** bei gutem Wetter mit einer Fernsicht bis zu den Alpen belohnt. Die Erholungsanlage **Lauchertsee** im Stadtteil Mägerkingen bietet Spazierwege, Grillmöglichkeiten, einen Kinderspielplatz sowie in der warmen Jahreszeit einen Kiosk.

ESSEN & TRINKEN

Seit 1655
Hotel-Restaurant Rössle
Marktstraße 48,
Trochtelfingen
Tel.: 0 71 24 / 92 50
www.hotel-restaurant-roessle.de
Restaurant mit behaglichem Flair und schwäbischen Gerichten je nach Saison. Mo Ruhetag.

SPORT & FREIZEIT

Alb-Gold-Kundenzentrum
Im Grindel 1,
Trochtelfingen
Tel.: 0 71 24 / 9 29 11 55
www.alb-gold.de
Mo bis Fr 11.30 Uhr, Erwachsene 3 €, ermäßigt 2,50 €.
In der gläsernen Produktion lernt man die Herstellung von Nudeln und Spätzle kennen.

SERVICEINFO

Tourist-Information
Rathausplatz 9
72181 Trochtelfingen
Tel.: 0 71 24 / 4 80
www.trochtelfingen.de

▶ ZWIEFALTEN

2.100 Einwohner

An der fischreichen Zwiefalter Ach liegt der kleine Ort, der durch ein im 11. Jh. gegründetes Bendiktinerkloster Berühmtheit erlangte. Das barocke Gebäudeensemble gehört zu den bedeutendsten Sakralbauten in Süddeutschland und beeindruckt mit seinem gewaltigen Münster, dessen Außenfassade aus grauem Kalktuff gestaltet ist. Im lichtdurchströmte Inneren des doppeltürmigen Gotteshauses verbergen sich geschwungene Emporen, kunstvolle Fresken und ein imposantes Deckengemälde.

Der Besuch der zwei in historischen Gebäuden untergebrachten Museen lohnen sich. Im klösterlichen Peterstor beschäftigt sich das **Heimatmuseum** mit Volksfrömmigkeit, Brauchtum und der Geschichte des Klosters (Hauptstraße 9, Tel.: 0 73 73 / 3 66, wegen Umbauarbeiten noch bis Herbst 2015 geschlossen).

In der alten Friedhofskapelle gewährt das **Psychiatriemuseum** mit ausgestellten Bildern, Dokumenten und medizinischen Gerätschaften interessante Einblicke in das Psychiatriewesen. Ausstellungsschwerpunkte sind der Anstaltsalltag, die Euthanasie im Dritten Reich sowie Diagnose- und Therapieformen (Hauptstraße 9, Tel.: 0 73 73 / 10 32 23, Fr 13.30–16.30 Uhr, So 13.30–17 Uhr, Eintritt 2 €, www.wuerttembergisches-psychiatriemuseum.de).

SERVICEINFO

Touristinformation
Marktplatz 3
88529 Zwiefalten
Tel.: 0 73 73 / 2 05 20
www.zwiefalten.de

▶ HAYINGEN

2.100 Einwohner

Oberhalb des Lautertals liegt der nette Luftkurort, dessen Ortszentrum von hübschen Fachwerkhäu-

▶ *Das Zwiefalter Münster.*

► *Die Wimsener Höhle.*

sern gebildet wird, die sich rund um die gotische **St. Vitus Kirche** scharen. Herausragende Sehenswürdigkeit von Hayingen ist die **Wimsener Höhle,** eine der schönsten Flusshöhlen der Schwäbischen Alb. Mit dem Boot kann man etwa 70 m tief in das unterirdische Labyrinth hineinfahren, bevor es sich zu schmalen, teilweise überfluteten Gängen mit Tropfsteinen und Sinterterrassen verengt (Tel.: 0 73 73 / 91 52 60, April–Okt. tgl. 10–18 Uhr, Erwachsene und Jugendliche 4 €, Kinder 6–12 Jahre 3,50 €, Kinder 2–5 Jahre 3 €).

In den Sommermonaten sollte man sich den Besuch einer Vorstellung im **Naturtheater Hayingen** nicht entgehen lassen. Auf der malerischen Waldbühne werden alljährlich Mundartstücke mit Laienschauspielern aufgeführt (Infos unter www.naturtheater-hayingen.de).

SERVICEINFO

Verkehrsamt Hayingen
Kirchstraße 15
72534 Hayingen
Tel.: 0 73 86 / 97 77 23
www.naturerlebnis-hayingen.de

► MÜNSINGEN

14.500 Einwohner

Einst bekannt als bedeutender Truppenübungsstandort der Bundeswehr, ist Münsingen heute als Tor zum neuen Biosphärenreservat Schwäbische Alb ein Paradies für Naturliebhaber.

Stadtzentrum

Im 13.–15. Jh. wurde die pittoreske **Martinskirche**, die urkundlich erstmals im Jahr 804 erwähnt wurde, im Stil einer gotischen Basilika erbaut und beeindruckt heute mit einer kunstvollen Deckenbemalung und einem wertvollen Taufstein. Deutlich jünger ist das **Schloss,** ein imposantes Gebäudeensemble aus dem 14.–19. Jh. Der um 1485 als Fruchtkasten erbaute Teil beherbergt heute ein **Stadtmuseum,** das anschaulich über die Geschichte und Kultur der Münsinger Alb informiert (Schlosshof 2, Tel.: 0 73 81 / 18 21 15, Do, So und Feiertage 13 –17 Uhr, Erw. 2 €, Kinder frei). Bemerkenswert ist auch das **Alte Rathaus,** das einstige herzogliche Zeughaus, dessen Untergeschoss schöne Laubengänge zieren.

BIOSPHÄRENRESERVAT

Wie die Landschaft der Schwäbischen Alb einst wohl aussah, sieht man auf dem ehemaligen Truppenübungsplatz, der durch die militärische Nutzung von Siedlungsbau, Landwirtschaft und Flurbereinigung verschont blieb. Das riesige Areal erkundet man am besten mit einem TrÜP-Guide, die erlebnisreiche und sachkundige Führungen für Wander-, Rad- und Busgruppen anbieten. Informationen dazu erteilt die Touristinformation Münsingen (siehe unter Serviceinfo). Im Alten Lager, einer Truppenunterkunft aus dem 19. Jh., erfährt man viel Wissenswertes über das Biosphärengebiet Schwäbische Alb, zu dem der ehemalige Truppenübungsplatz nun gehört.

Biosphärenzentrum
Von der Osten Straße 4
72525 Münsingen
Tel.: 0 73 81 / 93 29 38 31
www.biosphaerenzentrum.de,
1. April–31. Okt. 10–18 Uhr (außer Di),
1. Nov.–31. März 11–17 Uhr (außer Di),
Erw. 4 €, Kinder 7–15 Jahre 2 €.

ESSEN & TRINKEN

Große Terrasse
Landgasthof Fohlenhof
Heimstetten 1, 72537 Mehrstetten
Tel.: 0 73 81 / 36 56
www.landhaus-fohlenhof.de
Leckere saisonale Küche erwartet Gäste in dem gemütlichen Landgasthof. Mo und Di Ruhetag.

Naturidylle
Hirsch im Grünen
Süßweg 12, 72537 Mehrstetten
Tel.: 0 73 81 / 24 79
www.hirsch-im-gruenen.de
Schwäbische Herzlichkeit kombiniert mit einer Regionalküche macht den Besuch des netten Restaurants zu einem tollen Erlebnis. Do Ruhetag.

Romantisch
Landhotel Wittstaig
Wittstaig 10
72525 Münsingen-Gundelfingen
Tel.: 0 73 83 / 9 49 60
www.hotel-wittstaig.de
In dem schönen Fachwerkhaus genießt man schwäbische Spezialitäten je nach Saison. Di Ruhetag.

SERVICEINFO

Touristik Information
Hauptstraße 13, 72525 Münsingen
Tel.: 0 73 81 / 18 21 45
www.muensingen.de

▶ LAICHINGEN

10.900 Einwohner

In einem Maar des Vulkangebiets auf der mittleren Kuppenalb liegt das alte Leinenweberstädtchen, das

▶ *Steil bergab führt die Treppe in die Tiefenhöhle.*

im Mittelalter den Pfalzgrafen von Tübingen unterstand.
An die vergangenen Zeiten erinnert die **Kirchfestung St. Alban** die mit ihren Ringmauern, der Torburg und dem Wehrgang aus dem 16. Jh. stammt. Über den Alltag und die Lebensbedingungen damals informiert außerdem das **Heimat- und Webermuseum**, das im Heiligenhaus der Kirche untergebracht ist. Zu sehen sind u. a. alte Flachswerkzeuge, Webstühle, Stickereien sowie landwirtschaftliche Geräte (Tel.: 0 73 33 / 2 12 79, Ostern–Okt. jeder 1. So + Feiertage 13–17 Uhr, Erwachsene 2,50 €, Kinder 1,50 €, www.tiefenhoehle.de/heimatmuseum).
Südlich außerhalb des Ortes befindet sich die **Tiefenhöhle**, Deutschlands tiefste begehbare Schachthöhle. Bis 55 m Tiefe ist das verzweigte Röhrensystem auf Eisentreppen begehbar, das ein eindrucksvolles Abbild der Geologie der Schwäbischen Alb bietet. Angeschlossen ist ein sehenswertes **Höhlenmuseum**, das über den Vulkanismus in der Region, das Schichtstufenprofil und präparierte Höhlentiere informiert (Tel.: 0 73 33 / 55 86, Palmsonntag–Anfang Nov. tgl. 9–18 Uhr, Erwachsene 3,80 €, Kinder 2,80 €, www.tiefenhoehle.de).

ESSEN & TRINKEN

Edel

Gasthof Hotel Post
Langestraße 60
89150 Laichingen-Feldstetten
Tel.: 0 73 33 / 9 63 50
www.gasthofhotelpost.de
Wild- und Fischgerichte gehören zu den Spezialitäten des Hauses. Tgl. geöffnet.

SERVICEINFO

Stadtverwaltung
Bahnhofstraße 26
89150 Laichingen
Tel.: 0 73 33 / 8 50
www.laichingen.de

Stauferalb
Burgruinen & Bilderbuchlandschaft

Am Nordrand der Schwäbischen Alb erstreckt sich die verführerische Stauferalb rund um die drei Kaiserberge Hohenstaufen, Hohenrechberg und Stuifen. Grenzpunkte der facettenreichen Wald- und Heidelandschaft sind die Städte Schwäbisch Gmünd, Göppingen und Geislingen, die alle durch die Staufer geprägt wurden.

▶ SCHWÄBISCH GMÜND

50.700 Einwohner

Die älteste Stauferstadt liegt im oberen Remstal und wurde 782 erstmals urkundlich erwähnt. Bis zum 13. Jh. bauten die Staufer Schwäbisch Gmünd zu einem bedeutenden Verwaltungsort aus, der sich später vor allem durch Schmiedehandwerk zu einer blühenden Wirtschaftsstadt entwickelte. Zahlreiche prächtige Bauwerke erinnern an die lange Blütezeit der heutigen Hochschulstadt.

Altstadt

An der Westseite des lang gestreckten Marktplatzes ragt die **Johanniskirche** auf, eine spätromanische Pfeilerbasilika, die von 1220 bis 1250 erbaut wurde. Schon außen beeindrucken kunstvolle Verzierungen, die Tier- und Fabelwesen darstellen.

In Sichtweite steht das ehemalige **Dominikanerkloster Prediger**, das heute als Kulturzentrum dient und eine Ausstellung zur Kirchenkunst und der Entwicklung des Gmünder Kunsthandwerkes zeigt (Johannisplatz 3, Tel.: 0 71 71 / 6 03 41 30, Di, Mi und Fr 14–17 Uhr, Do 14–19 Uhr, Sa, So und feiertags 11–17 Uhr, Erwachsene 2 €, Kinder unter 18 Jahre frei, Sonderausstellungen nach Anfrage).

Ein weiterer herausragender Sakralbau ist das **Heilig-Kreuz-Münster,** die älteste süddeutsche Hallenkirche Deutschlands. Üppig geschmückte Fenster, ein wertvolles Chorgestühl mit geschnitzten Figuren und kunstvolle Plastiken gehören zur Ausstattung der imposanten Kirche. Südwestlich des Münsters erhebt sich die **Augustinerkirche** aus dem 15. Jh., die später im Stil des Barocks umgestaltet und mit meisterhaften Deckenfresken ausgestattet wurde.
Doch nicht nur Sakral-, sondern auch bemerkenswerte Profanbauten entstanden in der mittelalterlichen Blütezeit der Stadt, so z. B. das **Rathaus**, das die Südseite des Marktplatzes beherrscht. Ursprünglich als Bürgerhaus errichtet, wurde es später mit dekorativen Giebeln und Mansarddach barockisiert und zum Verwaltungssitz ausgebaut. Vorher diente die **Grät**, ein schmuckes Fachwerkgebäude mit backsteinernem Sockel von 1536, als Rathaus.

SILBERWARENMUSEUM !TIPP

In der ehemaligen Ott-Pauserschen-Fabrik befindet sich das sehenswerte Silberwarenmuseum, das sich mit dem traditionellen Gmünder Kunsthandwerk beschäftigt und Schmelzöfen, eine Drahtziehbank sowie Schmelz- und Poliermaschinen ausstellt.

Silberwarenmuseum
Milchgässle 10
73525 Schwäbisch Gmünd
Tel.: 0 71 71 / 3 89 10
In der Sommerzeit Di, Mi und Fr 14–17 Uhr, Do 14–19 Uhr, Sa, So und feiertags 11–17 Uhr,
Erwachsene 2,50 €, ermäßigt 1,50 €.

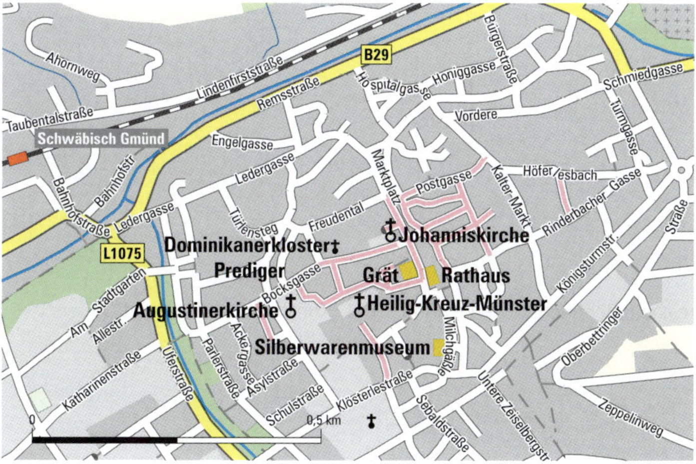

▶ *Schwäbisch Gmünd.*

SERVICEINFO

i-Punkt
Marktplatz 37/1
73525 Schwäbisch Gmünd
Tel.: 0 71 71 / 6 03 42 50
www.schwaebisch-gmuend.de

▶ GÖPPINGEN

56.800 Einwohner

Zu Füßen des Hohenstaufen breitet sich im Filstal die ehemals staufische Stadt aus, die im Laufe der Jahrhunderte zwei Mal abbrannte, zuletzt 1782/83 unter dem württembergischen Herzog Karl Eugen neu aufgebaut wurde.

Im 15. Jh. war Göppingen für seinen blühenden Badebetrieb bekannt – später entwickelte sich die Stadt zu einem wichtigen Industriestandort.

Sehenswürdigkeiten

Zu den herausragenden Sehenswürdigkeiten in Göppingen gehört das einstige **Schloss**, eine Vierflügelanlage mit Ecktürmen, die im 16. Jh. im Stil der Renaissance errichtet wurde und das heute als Amtsgericht dient. Besonders schön ist die Rebenstiege im südwestlichen Turm, eine Wendeltreppe mit kunstvollem Rankenschmuck. Zum Spazierengehen lädt außerdem der schön angelegte Schlossgarten mit Löwenbrunnen ein.

Als ältestes Gebäude der Stadt gilt die **Oberhofenkirche**, mit deren Bau 1436 begonnen wurde. Fialenspitzen und Ornamente schmücken das gotische Gotteshaus außen, während im Inneren eine Vielzahl von Epitaphien zu sehen sind. Im Stil

▶ *Das Schloss in Göppingen.*

der Romanik zeigt sich dagegen die **Stiftskirche** im Ortsteil Faurndau, die zu den bedeutendsten spätromanischen Bauwerken des Landes gezählt wird. Bemerkenswert sind im Kirchenschiff die pittoresken Kelchknospenkapitelle an den Säulen und die in acht Gewölbefelder gegliederte Vorhalle.

Museen

Im Stadtbezirk Hohenstaufen informiert die **Ausstellung „Die Staufer"** über Herkunft, Familie und Geschichte des bedeutenden Kaisergeschlechts, dessen Stammburg hier stand (Kaiserbergsteige 22, Tel.: 0 71 65 / 87 36, Mitte März–Mitte Nov. Di bis So 10–12 und 13–17 Uhr, Mitte Nov.–Mitte März Sa/So 10–12 und 13–17 Uhr, Eintritt frei).

Wie die Flora und Fauna der Schwäbischen Alb aussah und aussieht, erfährt man im Ortsteil Jebenhausen im **Naturkundlichen Museum**. Ausgestellte Fossilien nehmen Besucher mit auf eine Reise durch die Erdgeschichte (Boller Str. 102, Tel.: 0 71 61 / 47 42, Mitte April–Anfang Nov. Mi und Sa 13–17 Uhr, So und feiertags 11–17 Uhr, Erw. 1,50 €, Kinder bis 18 Jahre frei).

Im gleichen Stadtteil informiert das **Jüdische Museum** über die Geschichte der Juden in Göppingen, ihre Kultur und das Leben unter den Nationalsozialisten (Boller Str. 82, Tel.: 0 71 61 / 4 46 00, Mi und Sa 13–17 Uhr, So und feiertags 11–17 Uhr, Erwachsene

DREI KAISERBERGE

Der Hohenstaufen bildet zusammen mit dem Hohenrechberg und dem Stuifen bei Schwäbisch Gmünd die „Drei Kaiserberge", die als Wahrzeichen des Stauferlandes gelten. Ihren Namen verdanken die drei markanten Gipfel der Burg Hohenstaufen, die auf dem 684 m ü. NN hohen Hohenstaufen als Stammburg der Staufer errichtet wurde. Ihre Blütezeit erlebte die Burg unter dem Stauferkaiser Friedrich I. Barbarossa, genannt Rotbart. Heute sind von der Festungsanlage nur noch einige Ruinenreste zu sehen, die man bei einer schönen Wanderung von Göppingen aus besichtigen kann (siehe auch Wandertour 12).

GÖPPINGEN – SCHON MAL GEHÖRT?!

Entdecken Sie die Stadt mit Geschichte und Geschichten. Es werden regelmäßige Stadtführungen angeboten. Wählen können Sie zwischen historischen, thematischen, Hohenstaufen-Führungen und Führungen auf dem Segway.

ipunkt im Rathaus
Hauptraße 1
73033 Göppingen
Tel.: 0 71 61 / 65 02 92
Fax: 0 71 61 / 65 02 99
ipunkt@goeppingen.de
www.goeppingen.de

1,50 €, Kinder bis 18 Jahre frei).
Nicht nur für Kinder lohnt sich ein Besuch der **Märklin Erlebniswelt**, in der sich alles rund um das Thema Modelleisenbahnen dreht. Eine liebevoll gestaltete Miniaturlandschaft zeigt die Modellbahnen bei voller Fahrt, koordiniert von perfekter Weichen- und Signalsteuerung (Reutlinger Straße 2, Tel.: 0 71 61 / 60 82 89, www.maerklin.de, Mo bis Sa 10–19 Uhr, So 11–18 Uhr, Eintritt frei).

SPORT & FREIZEIT

Barbarossa-Thermen
Lorcher Straße 44
73033 Göppingen
Tel.: 0 71 61 / 61 01- 6 30
www.barbarossa-thermen.de
Mo 6:30–16 Uhr, Di 6:30–18.30 Uhr, Mi und Do 6:30–22 Uhr, Fr 6:30–23 Uhr, Sa 8–23 Uhr, So 8–22 Uhr, Saunawelt erweiterte Öffnungszeiten, Tageskarte 15,50 €, Kinder bis 16 Jahre in Begleitung eines Erwachsenen 13,50 €.
Während das Erlebnisbecken und die Riesenrutsche rasanten Badespaß bieten, sorgen verschiedenen Saunen, Erlebnisduschen und ein Irisch-Römisches Bad für pure Entspannung.

SERVICEINFO

ipunkt im Rathaus
Hauptstraße 1
73033 Göppingen
Tel.: 0 71 61 / 65 02 92
www.goeppingen.de

▶ KIRCHHEIM UNTER TECK

40.000 Einwohner

Handwerk und Handel prägten die im 10. Jh. erstmals erwähnte Stadt im Mittelalter, die auch heute noch mit historischen Bauwerken und Museen an ihre lange Vergangenheit erinnert.

Altstadt

Quer durch die Altstadt, die nach einem Stadtbrandt im 17. Jh. neu errichtet wurde und heute mit netten Cafés und Läden aufwartet, zieht sich die Marktstraße als Fußgängerzone. Hier beeindruckt das **Rathaus**, ein historischer Fachwerkbau mit Arkaden und einer Mondphasenuhr am Giebel. Dahinter ragt die **St. Martins-Kirche** auf, deren Ursprünge bis ins 7. Jh. zurückreichen, die ihre heutige Form allerdings im 14.–15. Jh. erhielt. Innen verbergen sich zwei spätmittelalterliche Grabdenkmäler und etliche frühneuzeitliche Epitaphien im Chor.
Im Südwesten der Altstadt steht das **Schloss** aus dem 16. Jh., das vornehmlich Witwen der Württembergischen Herzöge als Wohnsitz nutzten. Heute können die prächtigen Herrschaftsräume der vierflügeligen Anlage mit Fachwerk im Rahmen einer Führung besichtigt werden (Tel.: 0 70 71 / 60 28 02, 1. Mai–31. Okt. Mi und Sa 14–17 Uhr, So und feiertags 13.30–17.30 Uhr, Erwachsene 3,50 €, ermäßigt 1,70 €).

▶ *Burg Teck.*

Museen

Im Kornhaus informiert das **Städtische Museum** über die Vor- und Frühgeschichte der Region, Handwerk, Bürgerkultur und Geologie der Alb. Sehr beliebt sind Aktionen wie „Spielen wie die Urgroßeltern" oder „Kochen wie die Römer", die zu den besonderen museumspädagogischen Angeboten gehören (Max-Eyth-Straße 19, Tel.: 0 70 21 /50 23 77, Di 14–17 Uhr, Mi bis Fr 10–12 und 14–17 Uhr, Sa, So und feiertags 11–17 Uhr, Eintritt frei).

In der gleichen Straße gedenkt das **Literarische Museum** im Max-Eyth-Haus, ursprünglich als Lateinschule erbaut, an den berühmten Sohn der Stadt sowie an andere bedeutende deutsche Künstler (Max-Eyth-Str.15, Tel.: 0 70 21 / 50 23 77, Mi bis Fr 14–17 Uhr, So und feiertags 11–17 Uhr, Eintritt frei).

ESSEN & TRINKEN

Zentral

Restaurant Hotel Waldhorn
Marktplatz 8, Kirchheim unter Teck
Tel.: 0 70 21 / 9 22 40
www.stadthotelwaldhorn.de
Mit Blick auf den historischen Marktplatz speist man in dem denkmalgeschützten Fachwerkbau Leckeres aus der regionalen und internationalen Küche. Tgl. geöffnet.

BURG TECK

Etwa 7 km südlich von Kirchheim stand im Mittelalter auf dem 775 m ü. NN hohen Weißjuraberg Teck die gleichnamige Burg, die im Bauernkrieg niederbrannte. Das heutige Gebäude, das als Wanderheim und Aussichtsturm dient, entstand im 19. Jh. und ist heute ein beliebtes Ausflugsziel bei Wanderern, die den herrlichen Blick über die Landschaft genießen.

Imbiss
Kiosk-Gaststätte an den Bürgerseen
Bürgersee 5, Kirchheim unter Teck
Tel.: 0 70 21 / 5 23 10
www.buergerseen.de
Direkt im Naherholungsgebiet Bürgerseen bietet die nette Gaststätte typische Snacks für den kleinen Hunger. Tgl. geöffnet.

SERVICEINFO
Kirchheim Info
Max-Eyth-Straße 15
73230 Kirchheim unter Teck
Tel.: 0 70 21 / 5 02 - 5 55
www.kirchheim-teck.de

▶ BAD BOLL

5.200 Einwohner

Im Vorland der Filsalb liegt die kleine Ortschaft, die 1595 dank ihrer Thermalquellen als „Württembergisches Wunderbad" bekannt wurde. Auslöser dafür waren Fossilienfunde versteinerter Meerestiere, die man damals nicht erklären konnte und die zahlreiche Besucher anzogen, welche die Sensation mit eigenen Augen sehen wollten. Heute ist Bad Boll ein moderner Kurort mit Thermalbad, Kurklinik und Schwefelquelle.

▶ *Kirchheim unter Teck.*

ESSEN & TRINKEN
Rustikal
Gasthof zur Krone
Badstraße 12, Bad Boll
Tel.: 0 71 64 / 29 31
www.krone-bad-boll.de
Gesunde Küche mit frischen, saisonalen Zutaten wird in dem netten Familienbetrieb groß geschrieben. Di und Mi Ruhetag.

SPORT & FREIZEIT
Badhaus Bad Boll
Am Kurpark 1, Bad Boll
Tel.: 0 71 64 / 8 13 23
www.badhaus-bad-boll.de
Tgl. 7.30–22 Uhr, Erwachsene 7,80 €, ermäßigt 7 €, Kinder bis 12 Jahre 4,50 €.
Alles dreht sich um die Gesundheit: Thermalbecken mit Innen- und Außenbereich, Schwefelbad, Vitalzentrum und Saunalandschaft sorgen für Entspannung.

SERVICEINFO
Bad Boll Info
Hauptstraße 94
73087 Bad Boll
Tel.: 0 71 64 / 8 08 28
www.bad-boll.de

▶ *Die Burgruine Reußenstein.*

▶ WIESENSTEIG

2.100 Einwohner

Als Residenzstadt im oberen Filstal erkoren die Helfensteiner Grafen das schmucke Städtchen im 14. Jh. aus – wie ihr Wappentier, ein Elefant, auch heute noch am Brunnen und im Stadtwappen verdeutlicht. Pittoreske Fachwerkhäuser säumen die Hauptstraße, die zur **St. Cyriakus-Kirche** hinaufführt, in der sich eine wertvolle spätgotische Madonna verbirgt.

Von der ehemaligen herzoglichen Pracht zeugt das **Stadtschloss**, das die Helfensteiner im 16. Jh. errichten ließen. Von ehemals vier Flügeln steht heute nur noch einer, dessen Außenfassade mit wertvollen Malereien verziert ist. Das prächtige Gebäude wird nun als Kulturzentrum genutzt, in dem z. B. die bekannten Wiesensteiger Schlosskonzerte stattfinden (siehe unter Feste & Feiern).

Sehr lohnenswert ist auch ein Ausflug zur **Burgruine Reußenstein**, die auf einem Felsen hoch über dem Neidlinger Tal thront. Ursprünglich im 13. Jh. als Sitz für die Herren von Teck errichtet, gelangte die majestätische Burganlage im Jahr 1411 in den Besitz der Helfensteiner. Heute zählt die Ruine zu den schönsten auf der Schwäbischen Alb und ist ein beliebtes Ausflugsziel.

Einen spannenden Einblick in Jahrmillionen altes Gestein gibt der **Wiesensteiger Geopfad**, der am Sommerberg entlang zu verschiedenen Aufschlussstellen führt, an denen die typischen Gesteinsschichten des Filstals sichtbar werden.

ESSEN & TRINKEN

✕ *Mit Biergarten*

Gasthof Filsursprung
Helfensteinstraße 81, Wiesensteig
Tel.: 0 73 35 / 53 34
www.gasthof-filsursprung.de

In gemütlicher Atmosphäre wird eine gutbürgerliche Küche offeriert. Mo Ruhetag, im Winter auch Di.

SPORT & FREIZEIT

Wiesensteiger Tälesbad
Seestraße 100, Wiesensteig
Tel.: 0 73 35 / 78 02
Mitte Mai–Mitte Sept. tgl. 9–20 Uhr, Erwachsene 3,60 €, Kinder ab 6 Jahren 2,10 €.
Jede Menge Badespaß bieten das Sportbecken mit Sprungbrett, ein Nichtschwimmerbecken, der Planschbereich, ein Beachvolleyballfeld und ein Spielplatz.

SERVICEINFO

Stadtverwaltung
Hauptstraße 25
73349 Wiesensteig
Tel.: 0 73 35 / 9 62 00
www.wiesensteig.de

▶ BAD DITZENBACH

3.700 Einwohner

Quellen, reine Luft und viel Natur prägen den altbekannten Kurort im oberen Filstal, der 861 zum ersten Mal erwähnt wurde. Heilkräftige Sauer- und Thermalbrunnen machten das Dorf schon vor vielen Jahrhunderten bekannt, das heute mit einer modernen Kurklinik mit angeschlossenem Thermal-Mineral-Bewegungsbad Gäste aus aller Welt anlockt, die sich ihrem Wohlbefinden widmen.
Hoch über dem Ort grüßt die **Burgruine Hiltenburg**, die bereits im 13. Jh. nachweislich auf dem aussichtsreichen Bergkegel thronte und später als Sitz der Grafen von Helfenstein diente. Heute locken die verbliebenen Kellergewölbe, Grundmauern und das Turmfundament vor allem Wanderer an, die den schönen Ausblick von der romantischen Festungsruine genießen wollen.

AVE MARIA — !TIPP

Etwa 2 km talabwärts thront über dem Tal eine der schönsten Wallfahrtskirchen der Region, die Ave Maria. Gerne als Kleinod des Spätbarocks bezeichnet, gehört zu ihrer Ausstattung ein prachtvoller Altar und kunstvolle Deckengemälde.

SPORT & FREIZEIT

Vinzenz-Therme
Kurhausstraße 18, Bad Ditzenbach
Tel.: 0 73 34 / 7 60
www.vinzenztherme.de
So bis Do 8–22 Uhr, Fr und Sa 8–23 Uhr, Erw. (inkl. Sauna) 11,50 €, Jugendl. 15–18 Jahre 10,50 €.
Das großzügige Badeareal umfasst 36 °C warme Innen- und Außenbecken sowie zwei Bewegungsbäder mit Aqua-Jogging-Möglichkeiten. Eine Dampfgrotte und die Saunalandschaft runden das Angebot ab.

SERVICEINFO

Tourismus- und Kulturbüro
Helfensteinstraße 20
73342 Bad Ditzenbach
Tel.: 0 73 34 / 69 11
www.badditzenbach.de

▶ BAD ÜBERKINGEN

3.800 Einwohner

Bad Überkingen gilt als ältestes Heilbad der Schwäbischen Alb, da bereits im 12. Jh. die Heilkraft der lokalen Sauerbrunnen bekannt war. Die Grafen von Helfenstein eröffneten hier ein erstes Heilbad, das zahlreiche Adelsfamilien zum Kuraufenthalt anlockte, wie heute noch verschiedene Wappentafeln im Badhotel bezeugen. 1926 fand außerdem die erste Tiefbohrung nach Heilwasser auf der Alb statt, wobei die bis heute sprudelnde **Adelheidquelle** erschlossen wurde. Später folgten erfolgreiche Bohrungen nach Thermalwasser und 1971 wurde das erste Mineral-Thermal-Bewegungsbad der Schwäbischen Alb eröffnet. Doch nicht nur Kurgäste, sondern auch ambitionierte Naturfans kommen in Bad Überkingen auf ihre Kosten. Im Osten des Ortes ragt der 678 m hohe **Kahlenstein** auf, an dem die gleichnamige Karsthöhle besichtigt werden kann. Vor allem im Frühjahr zeigt sich das **Autal** im Südwesten von Bad Überkingen von seiner schönsten Seite, wenn blühende Märzenbecher das Naturschutzgebiet mit einem bunten Blütenmeer überziehen. Bei gutem Wetter kann man an den **Hausener Felsen** weiter filsaufwärts außerdem Kletterer beobachten.

Der **Osterbrunnen** mit über 8.000 handbemalten, echten Eiern ist ab Palmsonntag für drei Wochen ein großer Anziehungspunkt.

ESSEN & TRINKEN

Stilvoll

Bad Hotel
Otto-Neidhardt-Platz 1
Bad Überkingen
Tel.: 0 73 31 / 30 20
www.bad-hotel.de
Hinter der historischen Fassade kommt man in den Genuss raffinierter schwäbisch-badischer Küche.
Tgl. geöffnet.

▶ *Bad Überkingen liegt idyllisch eingebettet im Filstal.*

SPORT & FREIZEIT

Thermalbad Überkingen
Bahnhofstraße 14, Bad Überkingen
Tel.: 0 73 31 / 6 10 87
www.thermalbad-ueberkingen.de
Mo 8 – 19 Uhr, Di – Sa 8.30 – 22 Uhr, So + Feiertage 8.30 – 20 Uhr, Erwachsene 8,90 €, ermäßigt 7,90 €.
Schön angelegte Therme mit 36 °C warmem Wasser, Massagedüsen und Sprudelbecken.

SERVICEINFO

Tourist-Info
Otto-Neidhardt-Platz 2
73337 Bad Überkingen
Tel.: 0 73 31 / 20 09 26
www.bad-ueberkingen.de

▶ GEISLINGEN AN DER STEIGE

26.800 Einwohner

Eingebettet in eine idyllische Fünf-Täler-Landschaft, breitet sich die Stadt Geislingen aus, die durch ein gigantisches Bahnbauprojekt im 19. Jh. bekannt wurde, als der Albaufstieg zwischen Stuttgart und Ulm überwunden wurde.
Bereits im 11. Jh. war Geislingen eine wichtige Zollstation der Helfensteiner Grafen und entwickelte sich durch florierendes Handwerk zu einer blühenden Stadt, an die heute noch prächtige Fachwerkhäuser in der Altstadt erinnern.
Den Aufschwung zur heutigen Industriestadt leitete schließlich der Anschluss an das Eisenbahnnetz und die Ansiedlung großer Firmen, wie z. B. WMF, ein.

Altstadt

Sieben Stockwerke hoch ist der **Alte Zoll**, ein mächtiger Fachwerkbau von 1495 mit Walmdach und Aufzugsgiebel, in dem Helfensteiner Grafen ihre Zollstation unterhielten.
Gegenüber steht das **Alte Rathaus**, ein ehemaliges Kaufhaus, das die Ulmer 1422 errichteten und im Laufe der Jahrhunderte mehrmals umgestaltet wurde. Sein Glockenspiel erhielt das Gebäude 1982. Seitdem erfreut es mehrmals täglich vorbeischlendernde Fußgänger.
Schon von Weitem ist die evangelische **Stadtkirche** zu sehen, deren mächtiger Turm hoch über den Dächern aufragt. Im Inneren der 1424 bis 1428 erbauten dreischiffigen Hallenkirche beeindrucken ein großartiges Chorgestühl, ein kunstvoll gestaltetes Sternengewölbe und ein wertvoller Altar.
Weiter östlich gelangt man zum einstigen **Stadtschloss** der Grafen von Helfringen, ein dreigeschossiger, langgestreckter Bau, der aus dem Jahr 1380 stammt und heute verschiedene Ämter der Stadt

BURGRUINE HELFENSTEIN

Auf einem Bergsporn über Geislingen thronen die Überreste der Burg Helfenstein, die um das Jahr 1100 erbaut wurde. Drei Jahrhunderte später wurde der Stammsitz der Helfensteiner Grafen zur Festung ausgebaut, die jedoch ab Mitte des 16. Jh. nach und nach zu ihrer heutigen Gestalt verfiel.

▶ *Der Alte Bau.*

beherbergt.
Zum Abschluss eines Altstadtrundgangs sollte man einen Abstecher zum **Alten Bau** einlegen, einem wuchtigen Fachwerkgebäude, das früher als Speicher diente und in dem die 1919 gegründete Museumssammlung des Kunst- und Geschichtsvereins Geislingen untergebracht ist. Ausgestellt sind Exponate zur Stadtgeschichte sowie kunstvolle Drechsel- und Schnitzerzeugnisse. Zudem beherbergt das Gebäude das „Südwestdeutsche Schatztruhenmuseum“. 50 eiserne Schatztruhen veranschaulichen herausragendes Schmiede- und Schlosserkunsthandwerk (Moltkestraße 11, Tel.: 0 73 31 / 2 42 68, Mai–Anfang Nov. Di bis So 15–17 Uhr, Erwachsene 2 €, Kinder ab 6 Jahren 1 €).

ESSEN & TRINKEN

Komfortabel

Hotel Krone
Stuttgarter Straße 148, Geislingen
Tel.: 0 73 31 / 3 05 60
www.hotel-krone-geislingen.de
Das stilvolle Restaurant offeriert eine große Auswahl an schwäbischen und internationalen Gerichten. Tgl. geöffnet.

SERVICEINFO

Stadtverwaltung
Hauptstraße 1
73312 Geislingen an der Steige
Tel.: 0 73 31 / 2 40
www.geislingen.de

Ostalb
Wälder & Flüsse

An ihrem östlichen Ende zeigt sich die Schwäbische Alb von einer abwechslungsreichen Seite: Wie eine majestätische Insel ragt der Ipf bei Bopfingen auf, während im Süden sanfte Hügel Richtung Donautal auslaufen. Dazwischen laden idyllische Täler zum Wandern und Radfahren ein – als Zwischenstopps bieten sich zahlreiche Kirchen und Museen an.

▶ ELLWANGEN

24.600 Einwohner

Im oberen Jagsttal, umgeben von zahlreichen Weihern und Seen, liegt die ehemalige fürstliche Residenzstadt. Hervorgegangen aus einem im 8. Jh. gegründeten Benediktinerkloster, entwickelte sich Ellwangen unter dem Schutz von Karl des Großen zu einer prachtvollen Reichsabtei, an die heute noch eindrucksvolle Kirchen sowie stattliche Adels- und Bürgerhäuser erinnern.

Altstadt

Zwischen liebevoll restaurierten, barocken Domherrenhäusern am Marktplatz ragt die prächtige **Stiftskirche St. Veit** auf, die im 13. Jh. erbaut wurde. Im Inneren beeindrucken ein mächtiger Hochaltar und die barocke Ausstattung, die aus dem 18. Jh. stammt.

An den westlichen Kreuzgang der Stiftskirche schließt die ehemalige **Jesuitenkirche** an, die im 18. Jh. erbaut und mit kunstvollen Deckenfresken verziert wurde.

Deutlich älter ist die im 15. Jh. errichtete **Marienkirche**, die nach Umbauten heute im Stil des Barocks gestaltet ist und eine wertvolle silberne Madonnenfigur beherbergt. Zwischen den prächtigen Sakral-

bauten gibt es auch einige wunderschöne Profangebäude, die eine Besichtigung lohnen.
Zu den bedeutendsten gehört neben dem stattlichen **Palais Adelmann**, das 1688 als erster Barockbau der Stadt entstand und heute als Kulturzentrum dient, auch das **Rathaus**, dem einstigen Heilig-Geist-Spital aus dem 15. Jh. Sein barockes Aussehen erhielt das pittoreske Gebäude bei Umbauten im 18. Jh.
Sehenswert sind außerdem die **Statthalterei**, deren Grundmauern auf das Mittelalter zurückgehen und das im 18. Jh. im Stil des Rokoko umgestaltet wurde, sowie das **Haus Zimmerle**, besser bekannt als ehemaliger Postgasthof, in dem schon Goethe übernachtete und Mozart zu Mittag speiste. Heute beherbergt es eine Apotheke.

Sehenswürdigkeiten

Auch außerhalb der Altstadt sind einige bemerkenswerte Sehenswürdigkeiten zu entdecken. Nordöstlich der Stadt ist schon von Weitem die **Wallfahrtskirche St. Maria** zu sehen, die im 17. Jh. auf dem Schönenberg errichtet wurde. Hinter der prachtvollen Fassade beeindruckt ein heller Raum mit umlaufenden Emporen und Wandpfeilern, zwischen denen ein wertvoller Hochaltar aufblitzt.
Wie das Leben zwischen dem 3. und 8 Jh. im Jagsttal aussah, erfährt man im **Alamannenmuseum**, das bedeutende archäologische Fundstücke aus diesen Jahrhunderten präsentiert. Im Mittelpunkt stehen dabei das Kunsthandwerk und die Besiedlungsgeschichte der Alamannen (Haller Straße 9, Tel.: 0 79 61 / 96 97 47, Di – Fr 14–17 Uhr, Sa und So 13–17 Uhr, Erwachsene 3 €, ermäßigt 2 €, www.ellwangen.de).

SCHLOSS

!TIPP

Hoch über der Stadt thront das vierflügelige Schloss, das die Ellwanger Fürstpröpste im 17. Jh. erbauten. Einige der herrschaftlichen Räume sind heute als Museum zugänglich und präsentieren spannende Zeugnisse aus der über 1250-jährigen Kultur- und Stadtgeschichte. Besonders bei Kindern beliebt ist dabei eine umfangreiche Sammlung von Puppenstuben und Kaufmannsläden aus dem 19. und 20. Jh.

Schlossmuseum
Schloss 12, Ellwangen
Tel.: 0 79 61 / 5 43 80
www.schlossmuseum-ellwangen.de
Di bis Fr 14–17 Uhr, Sa 10–12 und 14–17 Uhr, So 10.30–16.30 Uhr, Erwachsene 3,50 €, Kinder 6–18 Jahre 2 €.

ESSEN & TRINKEN

Traditionsreich

Hotel Roter Ochsen
Schmiedstraße 16, Ellwangen
Tel.: 0 79 61 / 40 71
www.roter-ochsen-ellwangen.de
Im Zentrum der Stadt genießt man hausgemachte Spezialitäten aus der Schwäbischen Küche. Mo Ruhetag.

SPORT & FREIZEIT

Ellwanger Wellenbad
Rotenbacher Straße 37, Ellwangen
Tel.: 0 79 61 / 5 22 80
www.ellwanger-wellenbad.de
Di, Do + Fr 13 – 21 Uhr,
Mi 13 – 19 Uhr, Sa 9 – 21 Uhr,
So, 9 – 20 Uhr,
Erwachsene ab 5,40 €, Jugendliche 6–18 Jahre ab 2,90 €.
Wellenbecken, Massagedüsen, Kinderbereich und eine Saunalandschaft sorgen für einen erlebnisreichen Bade- und Wellnesstag.

SERVICEINFO

Tourist-Information Ellwangen
Spitalstraße 4
73479 Ellwangen
Tel.: 0 79 61 / 8 43 03
www.ellwangen.de

▶ AALEN

66.100 Einwohner

Am Ufer des Kochers breitet sich der heutige Industriestandort Aalen aus, den einst die Staufer gründeten. Im 19. Jh. führten die Eisenverhüttung und der Bau der Eisenbahnlinie Bad Cannstatt – Wasseralfingen zur Industrialisierung im Raum Aalen. Mit der Ansiedlung neuer Industriebetriebe und der Hochschule Aalen setzte ein neuer Aufschwung ein, der Aalen zu einem modernen Wirtschafts- und Technologiestandort machte.

Altstadt

Das Zentrum der Altstadt bildet der hübsche **Marktplatz** mit neobarockem Brunnen und dem **Alten Rathaus**, das heute ein Kulturzentrum

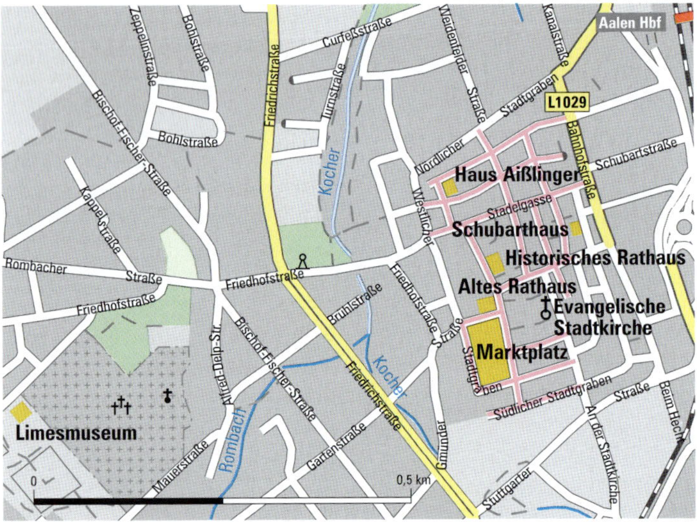

▶ *Aalen.*

beherbergt. Nur wenige Schritte entfernt steht das **Historische Rathaus** aus dem 17. Jh. mit dem „Aalener Spion" am Türmchen, der heute als Wahrzeichen über die Stadt wacht. Innen im Gebäude informiert das **Urweltmuseum** über die Erd- und Landschaftsgeschichte der Ostalb, unter anderem mit einem 3 m langen Saurierskelett (Reichsstädter Straße 1, Tel.: 0 73 61 / 65 56, Di bis So 14–17 Uhr, Erwachsene 2 €, ermäßigt 1,50 €, www.urweltmuseum-aalen.de). Nicht weit davon entfernt ragt die **evangelische Stadtkirche** auf, die 1767 als Neubau errichtet wurde und mit 16 marmorierten Säulen beeindruckt, welche die umlaufenden Emporen tragen. Besonders schön sind auch das Deckengemälde und das kunstvolle Wappen, das die Wand über dem Nordportal schmückt

Von hier sind es nur wenige Schritte bis zum **Schubarthaus**, ein malerisches Fachwerkhaus, in dem der deutsche Dichter aufwuchs. Pittoreske Fachwerkarchitektur findet sich auch im Nordwesten der Altstadt, wo unter anderem auch das **Haus Aißlinger** steht, ein schmuckes Ackerbürgerhaus, das als ältestes Gebäude der Stadt gilt. Einen Ausflug lohnt das **Schloss Fachsenfeld** nordwestlich von Aalen. Die Geschichte des Schlosses reicht bis in das 16. Jh. zurück. 1827 erwarb Oberjustizrat Wilhelm von Koenig das Schloss und baute es um. In dieser Zeit entstand der weitläufige Park. 1905 bis 1907 erfolgte der Anbau der Jugendstilbibliothek und der Galerieräume. Über 120 Gemälde bedeutender südwestdeutscher Impressionisten sind in der Galerie ausgestellt. Als botanisches Kleinod erster Güte präsentiert sich der 7,8 ha große Schlosspark. Der letzte Schlossherr Reinhard von Koenig-Fachsenfeld machte als Erfinder, Tüftler und Pionier der Stromlinie auf sich aufmerksam (Tel.: 0 73 66 / 92 30 30, Sa

LIMES

10

Über 550 km lang erstreckt sich der obergermanisch-raetische Limes, wie die alte römische Grenze genannt wird, die von historischen Relikten, Ausgrabungen und Nachbauten gesäumt wird. Seit 2005 ist der Limes als UNESCO-Welterbe ausgezeichnet und zählt damit zu den bedeutendsten kulturellen Relikten weltweit.
Mit dem größten Reiterkastell nördlich der Alpen ist Aalen ein bedeutender Standort und informiert im Limesmuseum über militärische und zivile Leben der Römer. Als Römer verkleidet, kann man hier Waffenfunde, Schmuckstücke und Münzen aus nächster Nähe besichtigen. Alle zwei Jahre finden auf dem Kastellgelände die Internationalen Römertage statt.

Limesmuseum
St.-Johann-Straße 5, 73430 Aalen
Tel.: 0 73 61 / 5 28 28 70
www.museen-aalen.de
Di bis So + Feiertage 10–17 Uhr,
Erwachsene 5 €, ermäßigt 4 €.

▶ *Mit der Grubenbahn geht es hinab in den Tiefen Stollen.*

13 – 17 Uhr, So und Feiertage 11–17 Uhr, Erw. Schloss 5 €, Park 4 €, Schloss und Park 8 €).

ESSEN & TRINKEN

Gehoben

Das goldene Lamm
Kocherstraße 8
73432 Aalen-Unterkochen
Tel.: 0 73 61 / 9 86 80
www.das-goldene-lamm.de
Zum Angebot des gehobenen Hotel-Restaurants zählt neben kreativ zubereiteten regionalen und internationalen Speisen auch eine umfangreiche Weinkarte.
Tgl. geöffnet.

ZEISS MUSEUM DER OPTIK !TIPP

Nahe am Kocherursprung breitet sich die 7.800 Einwohner große Stadt Oberkochen aus, die sich vor allem durch die Firma Zeiss einen überregional bedeutenden Namen gemacht hat. Im Optischen Museum, das von der Firma ins Leben gerufen wurde, lernt man viel Spannendes über die Entwicklung von Fernrohren, technischen Vermessungsgeräten, Brillen und Kameras – Höhepunkt der Ausstellung sind alte Objektive aus dem 18. und 19. Jh., die NASA-Astronauten für Mondaufnahmen verwendet haben (Carl-Zeiss-Str. 22, 73447 Oberkochen, Tel.: 0 73 64 / 20 28 78, Mo bis Fr 8–18 Uhr, Eintritt frei, www.zeiss.de).

SPORT & FREIZEIT

Limes-Thermen
Osterbucher Platz 3, 73431 Aalen
Tel.: 0 73 61 / 9 49 30
www.limes-thermen.de
Mo bis Do 8.30–21 Uhr, Fr 8.30–22 Uhr, Sa, So und feiertags 9–21 Uhr, Erwachsene ab 9,50 €, ermäßigt ab 8 €.
Für Urlaubsfeeling pur sorgen die 34 °C-warmen Thermalbecken in antik-römischem Flair. Eine Kneippanlage, ein Dampfbad, mehrere Saunen und Farb-Licht-Anwendungen runden das Angebot ab.

SERVICEINFO

Touristik-Service Aalen
Marktplatz 2
73430 Aalen
Tel.: 0 73 61 / 52 23 62
www.aalen.de

TIEFER STOLLEN

!TIPP

400 m tief unter die Erde fahren Besucher mit der Grubenbahn in den dunklen Stollen, wo früher Eisenerz abgebaut wurde. Eine Multivisionsshow informiert über die einstige Arbeit unter Tage, an die heute noch viele Schächte und Gänge erinnern. Da die Temperatur im Inneren des Stollens nur ca. 11 °C beträgt, sollte man entsprechende Kleidung mitnehmen.

Besucherbergwerk Tiefer Stollen
Erzhäusle 1
73433 Aalen
Tel.: 0 73 61 / 97 02 49
www.tiefer-stollen.de
31. März–Anfang 1. Nov. Di bis So 9–12 und 13–16 Uhr, Erwachsene 7 €, Kinder 4–16 Jahre 5 €.

▶ BOPFINGEN

12.270 Einwohner

Zu Füßen des 669 m hohe Ipfs liegt die einstige freie Reichsstadt, deren schmucke Altstadt an die lange Vergangenheit der um 500 entstandenen Siedlung erinnert. Auf dem Marktplatz stehen neben dem **Rathaus** von 1586 auch das **Amtshaus** und der kunstvolle **Marktbrunnen**. Südlich davon erhebt sich die evangelische **Stadtkirche St. Blasius**, die innen mit einem wertvollen Hochaltar vom Nördlinger Meister Friedrich Herlin und einem großartigen Konfessionsbild beeindruckt. Im Norden der Altstadt gelangt man zum **Hänlesturm**, ein Teil der alten Stadtbefestigung, der noch bis 1830 als Gefängnis diente.

Zum Abschluss des Rundgangs lohnt sich ein Abstecher in das 1505 erbaute **Seelhaus**, in dem sich ein sehenswertes Heimatmuseum befindet. Ausgestellt sind kulturhistorische Fundstücke aus der Zeit der Kelten, Römer und Alemannen (Spitalplatz 1, Tel.: 0 73 62 / 38 55, März–Okt. Di bis Fr 14–16 Uhr, Sa, So und feiertags 14–17 Uhr, Nov.–Feb. Sa, So und feiertags 14–17 Uhr, Erwachsene 1,50 €, ermäßigt 0,50 €).

Sehenswürdigkeiten

Im Stadtteil Flochberg lockt die **Wallfahrtskirche „Zu unserer lieben Frau von Roggenacker"** jedes Jahr zahlreiche Pilger an. Das im 18. Jh. erbaute Gotteshaus wurde aufwendig restauriert und zeigt im Inneren ein kunstvolles Gnadenbild.
Im Ortsteil Oberdorf informiert ein sehenswertes Museum in der 1745 errichteten **Synagoge** über die Geschichte der Juden auf der Ostalb (Lange Straße 13, Tel.: 0 73 62 / 78 42, März – Okt. So und Feiertag 14–16 Uhr, Erwachsene 2 €, ermäßigt 1 €).
Etwa 8 km nordwestlich von Bopfingen grüßt das **Schloss Baldern** von einem Bergkegel. Auf den Resten einer mittelalterlichen Burg wurde das Schloss von den Fürsten von Wallenstein gebaut und stellt heute eine Waffensammlung aus (Schloss Baldern, Tel.: 0 73 62 / 9 68 80, Mitte März–Ende Okt. Di bis Sa 11–17 Uhr, So + Feiertage 10 – 18 Uhr, Erw. 4,50 €, ermäßigt 3 €).

▶ *Als frühkeltischer Fürstensitz hat der Ipf, Wahrzeichen von Bopfingen, eine herausragende historische Bedeutung.*

SERVICEINFO
Stadt Bopfingen
Marktplatz 1
73441 Bopfingen
Tel.: 0 73 62 / 8 01 21
www.bopfingen.de

IPF

Fast kahl ragt das Wahrzeichen von Bopfingen, der markante Ipf, im Norden der Stadt auf, der bereits in der Jungsteinzeit und Bronzezeit besiedelt war. Von dem flachen Plateau hat man einen wunderbaren Ausblick auf Bopfingen und die umliegende Landschaft.

▶ KÖNIGSBRONN

7.100 Einwohner

Entstanden aus einem 1302 gegründeten Kloster, entwickelte sich Königsbronn dank reicher Bodenschätze im Laufe der Jahrhunderte zu einem bedeutenden Standort der Eisenindustrie. Weit über 1.000 Arbeiter waren zur industriellen Blütezeit in den ortsansässigen Hüttenwerken beschäftigt.
Gleich in der Nähe erinnert die **Georg-Elser-Gedenkstätte** an den in Königsbronn aufgewachsenen Schreiner, der am 8. November 1939 in München ein Attentat auf Adolf Hitler verübte und daraufhin 1945 im Konzentrationslager Dachau ermordet wurde (Herwartstr. 2, Tel.: 0 73 28 / 9 62 50, So und feiertags 11–17 Uhr, Erwachsene 2 €, ermäßigt 0,50 €).
Einen Besuch lohnt außerdem der einstige **Klosterhof**. Hier befindet sich die restaurierte „Alte Pfisterei" mit Klosterschenke. Im Obergeschoss der ehemaligen Pfisterei ist das neu gestaltete **Königsbronner Kannen Museum** untergebracht

(Tel.: 0 73 28 / 51 40, Mai–Anf. Okt. So 11–17 Uhr). Beeindruckend zeigen sich außerdem die frühere Prälatur, der achteckige Klosterbrunnen – ein kunstvoll gefertigter Gusseisenbrunnen im Zentrum der Anlage – sowie die restaurierten Epitaphien (gusseiserne Grabsteine) der Familie Blezinger. In den Räumen der alten **Feilenschleiferei** entsteht derzeit ein Museum zur Königsbronner Industriegeschichte, das im Sommer 2012 eröffnet wird.

ESSEN & TRINKEN

Urig

Waldschenke Ziegelhütte Königsbronn
Ziegelhütte 1, Königsbronn
Tel.: 0 73 28 / 62 06
In schöner Atmosphäre genießt man eine gutbürgerliche, deftige Küche. Di Ruhetag.

Mit Biergarten

Widmann´s Löwen
Struthstraße 17
Königsbronn-Zang
Tel.: 0 73 28 / 9 62 70
www.loewen-zang.de
In den gemütlichen Räumlichkeiten kommt man in den Genuss regionaler Gerichte mit saisonalen Spezialitäten. Di Ruhetag.

SPORT & FREIZEIT

Itzelberger See
Im Osten von Königsbronn liegt der 8,4 Hektar große See, der einst von den Mönchen des Klosters aufgestaut wurde und nun ein beliebtes Naherholungsziel ist. Wassersportler, Spaziergänger und Radfahrer nutzen den See zum Sport treiben, Tretbootfahren und Entspannen. Zudem gibt es einen Minigolfplatz.

BRENZURSPRUNG

Unter einem mächtigen Felsen tritt das klare, blau-grüne Quellwasser der Brenz hervor, die sich ca. 55 km durch die malerische Ostalb schlängelt, bevor sie in die Donau mündet. Mit einer Schüttung von 400 Litern Wasser in der Sekunde zählt sie zu den größten Karstquellen der Schwäbischen Alb.

SERVICEINFO

Rathaus
Herwartstr. 2, 89551 Königsbronn
Tel.: 0 73 28 / 9 62 50
www.koenigsbronn.de

▶ HEIDENHEIM

48.200 Einwohner

Zwischen Albuch und Härtsfeld liegt eine der ältesten Industriestädte von ganz Württemberg. Bereits im Jahr 90 n. Chr. stand hier das römische Kastell Aquileia. Mit der Eisenverhüttung begann im 14. Jh. ein wirtschaftlicher Aufschwung, der sich durch die Ansiedlung neuer Industriezweige in der Textil- und Metallbranche weiter fortsetzte. Heidenheim ist eine moderne Industriestadt mit einem handelsstarken Zentrum (Schloss-Arkaden), kurzen Wegen und landschaftlich reizvoller Lage.

►*Schloss Hellenstein – Wahrzeichen der Stadt Heidenheim.*

Sehenswürdigkeiten

Als Wahrzeichen der Stadt thront **Schloss Hellenstein** hoch über der Altstadt. Die erste Stauferburg fiel im 16. Jh. einem Brand zum Opfer. Teilweise wieder aufgebaut, dient der sogenannte „Rittersaal" heute als Kulisse für die Opernfestspiele. In dem Anfang des 17. Jh. gebauten Renaissance-Schloss befindet sich das „Museum Schloss Hellenstein". Das „Museum für Kutschen, Chaisen, Karren" ist daneben im Fruchtkasten untergebracht (Schloss Hellenstein, Tel.: 0 73 21 / 4 33 81, 1. April–31. Okt. Di bis Sa 11–16 Uhr, So und feiertags 10–17 Uhr, Erwachsene 1,50 €, Kinder 6–17 Jahre 0,50 €).

Im Nordwesten der Altstadt erhebt sich die **Michaelskirche**, die ihre heutige Gestalt nach Umbauten im 17. Jh. erhielt. Zu ihrer Ausstattung gehört eine wertvolle Sammlung an Holztafelbildern, welche die Christusgeschichte nacherzählen. Das **Museum im Römerbad** wurde über den Resten eines römischen Monumentalbaus eingerichtet (Theodor-Heuss-Straße 3, Tel.: 0 73 21 / 3 27 47 20, 1. Mai–31. Okt. So 13–17 Uhr, im Winterhalbjahr auf Anfrage, www.museum-imroemerbad.de).

Eine Besichtigung lohnt auch das **Kunstmuseum** in einem ehemaligen Jugendstilbad mit der einzigartigen Picasso-Plakatsammlung und Wechselausstellungen (Marienstraße 4, Tel.: 0 73 21 / 3 27 48 10, Di–So 11–17 Uhr, Mi bis 19 Uhr, Eintritt frei, www.kunstmuseum-heidenheim.de).

ESSEN & TRINKEN

Stilvoll

Best Western Premier Schlosshotel Park Consul
Hugo-Rupf-Platz 2
89522 Heidenheim
Tel.: 0 73 21 / 3 05 30
Bei herrlichem Blick auf das imposante Schloss Hellenstein genießt man gehobene regionale und internationale Köstlichkeiten. Tgl. geöffnet.

Traditionsreich

Weinstube zum Pfauen
Schloßstraße 26
89518 Heidenheim
Tel.: 0 73 21 / 4 52 95
www.pfauen.de
Passend zur eleganten Atmosphäre gibt es pfiffige saisonale Spezialitäten. Mo Ruhetag.

Beliebt

Stattgarten
Brenzstraße 18a
89518 Heidenheim
Tel.: 0 73 21 / 2 46 82
www.stattgarten.de
Die gemütliche Kneipe offeriert leckere Snacks und warme Speisen je nach Saison. Im Sommer lädt der große Biergarten zu Spezialitäten vom Grill ein. Tgl. geöffnet.

SPORT & FREIZEIT

Aquarena
Friedrich-Pfenning-Straße 24
89518 Heidenheim
Tel.: 0 73 21 / 32 81 30
www.hellensteinbad-aquarena.de
Mo 12–21 Uhr, Di bis Do 8–21 Uhr, Fr 8–22 Uhr, Sa 10–22 Uhr, So 10–18 Uhr, Tageskarte Bad Erwachsene 7 €, Kinder 7–17 Jahre 5,20 €.
Hallenbad mit Wellenbecken, Außenbereich, Sprungturm und Saunalandschaft.

METEORKRATERMUSEUM !TIPP

Durch einen Meteoriteneinschlag vor etwa 15 Millionen Jahren entstand das kreisrunde Steinheimer Becken westlich von Heidenheim, über das ein interaktives Museum informiert. Dabei lernt man nicht nur viel Wissenswertes über die Entwicklung des Kraters, sondern auch über die Geologie der Ostalb.

Meteorkratermuseum
Hochfeldweg 5
89555 Steinheim am Albuch
Tel.: 0 73 29 / 96 06 58
März–Okt. Fr 13–17 Uhr,
Sa, So und feiertags 10–17 Uhr,
Erwachsene 2,50 €, ermäßigt 2 €.

MIT KINDERN UNTERWEGS

Naturtheater
Hugo-Rupf-Platz 3
89522 Heidenheim
Tel.: 0 73 21 / 9 25 50
www.naturtheater.de
Märchen, Theaterstücke und Musicals unter freiem Himmel begeistern große und kleine Zuschauer.

ABENDGESTALTUNG

In Heidenheim kann man an den unterschiedlichsten Orten Veranstaltungen aller Art genießen. Zu den größten gehören das Congress Centrum und das Konzerthaus. Informationen und Tickets gibt es bei der Tourist-Information.

SERVICEINFO

Tourist-Information
Hauptstraße 34
89522 Heidenheim
Tel.: 0 73 21 / 3 27 49 10
www.heidenheim.de

BRENZPARK

!TIPP

Als Erholungsoase wird das weitläufige Gelände zwischen Brenz und Bahnlinie genutzt, auf dem 2006 die Landesgartenschau stattfand. Staudengärten, Wechselflor, alter Baumbestand und Spielangebote für alle Generationen machen den Park zum beliebtesten Naherholungsgebiet der Region.

▶ *Das Kloster Neresheim.*

▶ NERESHEIM

8.000 Einwohner

Zwischen ausgedehnten Wacholderheiden und weiten Wäldern liegt der Hauptort des Härtsfelds, der für sein barockes **Kloster** bekannt ist, das hoch über dem kleinen Ort aufragt. Von der 1095 gegründeten Benediktinerabtei Neresheim ist heute nichts mehr zu sehen, die barocke Klosteranlage entstand nämlich nach mehreren verheerenden Bränden erst im 17. Jh. Das Schmuckstück der Anlage ist die imposante **Abteikirche**, die nach Vorlagen des berühmten barocken Baumeisters Balthasar Neumann errichtet wurde. Besonders beeindruckend zeigen sich neben dem prachtvollen Kuppelgemälde die kunstvollen Stuckarbeiten im Inneren, die zu den schönsten in ganz Süddeutschland zählen. Im Sommer finden hier die beliebten Sonntagskonzerte mit Künstlern aus ganz Europa statt. Ein **Museum** erläutert die wechselvolle Geschichte der Abtei und informiert anschaulich über das bedeutende Kulturdenkmal (Abtei Neresheim, Tel.: 0 73 26 / 85 01, Führungen nach Anmeldung, Preise nach Anfrage, www.museum.abtei-neresheim.de).

Mit der **Härtsfeld-Museumsbahn,** einer historischen Schmalspurbahn, lässt sich das idyllische Egautal bis zur Sägmühle auf besondere Weise erkunden. Die Bahn fährt von Mai bis Oktober an jedem ersten Sonntag im Monat und an allen Feiertagen (www.hmb-ev.de).

ESSEN & TRINKEN

Seit 1877

Gasthof & Metzgerei zur Krone
Hauptstraße 13, Neresheim
Tel.: 0 73 26 / 96 39 00
www.neresheim-krone.de
In heimeliger Atmosphäre werden gutbürgerliche Gerichte serviert. Mit schöner Terrasse. Di Ruhetag.

SERVICEINFO

Tourist-Information
Hauptstraße 21
73450 Neresheim
Tel.: 0 73 26 / 81 49
www.neresheim.de

▶ DISCHINGEN

4.400 Einwohner

Etwa 8 km südlich von Neresheim liegt der kleine Erholungsort, der für das prachtvolle **Schloss Thurn und Taxis** bekannt ist, das über den Häusern auf einer Felsterrasse thront. Da die herrschaftlichen Gebäude auch heute noch von den Grafen genutzt werden, sind die Räumlichkeiten nicht zu besichtigen. Lohnenswert ist dennoch ein Spaziergang durch den weitläufigen Englischen Garten, von dem man einen Blick auf das Schloss erhaschen kann.
Schön ist auch das **Heimatmuseum**, das über das bäuerliche Leben auf dem Härtsfeld informiert und eine Bauernstube von anno dazumal zeigt (Hauptstraße 5, Tel.: 0 73 27 / 63 87, Mai–Okt. jeder erste So im Monat 14–16 Uhr oder nach Vereinbarung, Eintritt frei).

HÄRTSFELD

!TIPP

Wachholderheiden, Hoch- und Ackerflächen prägen das Bild des Härtsfelds, wie das dünn besiedelte Gebiet zwischen dem Kocher-Brenz-Tal im Westen und dem Ries im Osten genannt wird. Berühmt wurde die Gegend im Jahr 1634, als die Schweden hier eine entscheidende Schlacht gegen die Truppen des Kaisers verloren. Heute wird das Härtsfeld gern von Radfahrern und Wanderern besucht, die hier Ruhe und Erholung vorfinden. Am idyllischen Härtsfeldsee entsteht derzeit eine Art „Wassererlebniswelt" mit Spielbereichen für Kinder und Erwachsene.
Wie das Leben auf dem Härtsfeld früher war, erfährt man im Härtsfeldmuseum im alten Vogthaus, wo auf fünf Stockwerken die Geschichte des Härtsfelds erläutert wird.

Härtsfeldmuseum
Hauptstraße 22, Neresheim,
1. April–31. Okt. So 13.30–16 Uhr,
Erwachsene 1,50 €, Kinder 0,50 €.

ESSEN & TRINKEN

Großer Biergarten

Bahnhofsgaststätte
Bahnhofstraße 16
Dischingen-Ballmertshofen
Tel.: 0 73 27 / 51 69
www.bahnhofsgaststätte-ballmertshofen.de
Passend zum gemütlichen Ambiente gibt es leckere Gerichte aus der Region. Mo Ruhetag.

Historisches Flair

Burg Katzenstein
Burg Katzenstein 1–3, Dischingen

ESELSBURGER TAL

!TIPP

Nicht weit vom Kloster Herbrechtingen öffnet sich mit dem Eselsburger Tal der schönste Abschnitt des Brenztals. In einer weiten Schlinge umfließt die Brenz hier den bewaldeten Buigen und lockt Wanderer, Radfahrer, Kletterer und Kanuten in das unter Naturschutz stehende Tal, das von bewaldeten Hängen, Wachholderheiden, Feuchtwiesen und Kletterfelsen geprägt ist. Faszinierend schön sind die „Steinernen Jungfrauen", zwei schlanke Felsnadeln, um die sich viele Sagen ranken.

Tel.: 0 73 26 / 91 96 56
www.burgkatzenstein.de
In dem mächtigen spätromanischen Wehrbau, den die Staufer einst im 11. Jh. über dem Härtsfeldsee errichteten, wird heute im alten Felsenkeller ein zünftiges Rittermahl – ein Mehrgängemenü mit Kartoffelsuppe, Schwarzbier und Spanferkel – serviert. Mo Ruhetag.

SERVICEINFO

Bürgermeisteramt
Marktplatz 9
89561 Dischingen
Tel.: 0 73 27 / 8 10
www.dischingen.de

▶HERBRECHTINGEN

13.100 Einwohner

Hauptsehenswürdigkeit des kleinen Ortes ist die schöne **Klosteranlage**, ein ehemaliges Benediktinerkloster, das 1171 in ein Augustiner-Chorherrenstift umgewandelt wurde. Heute wird die spätromanische Anlage als Kulturzentrum genutzt, in dem verschiedene Konzerte, Theaterstücke, Kabaretts und Lesungen stattfinden (Eselsburger Straße 8, Tel.: 0 73 24 / 91 92 99, www.kultur-im-kloster.de).

SERVICEINFO

Stadtverwaltung
Lange Straße 58
89542 Herbrechtingen
Tel.: 0 73 24 / 95 50
www.herbrechtingen.de

▶GIENGEN AN DER BRENZ

19.100 Einwohner

Im idyllischen Brenztal liegt die ehemalige freie Reichsstadt, die durch die Teddybären von Margarete Steiff bekannt wurde. Giengen erhielt wahrscheinlich im 12. Jh. das Stadtrecht und entwickelte sich zu einer blühenden Siedlung, die jedoch im 17. Jh. fast vollständig nieder brannte. Erst mit der Gründung einer Wollfilzmanufaktur und der Plüschtierfabrik setzte schließlich im 19. Jh. ein neuer wirtschaftlicher Aufschwung ein.

An die lange Vergangenheit erinnert das liebevoll sanierte Stadtzentrum, in dem besonders die **Tanzlaube** als ehemalige Burgstelle, höchstgelegener und ältester Teil der Altstadt mit Überresten der Stadtmauer, das **Rathaus**, die **Schranne** und die doppeltürmige, nach dem Stadtbrand wieder errichtete und 1655 eingeweihte **Stadtkirche**, hervorstechen.

Ausflugsziele

Eines der schönsten Gebäude steht im Ortsteil Burgberg, die **Alte Mühle**. 1344 wurde das schmucke Gebäude mit seinem mächtigen Wasserrad erstmals urkundlich erwähnt. Heute ist es liebevoll zur Schaumühle mit Museum umgestaltet. Der angeschlossene Mühlenstadel wird für Kulturveranstaltungen genutzt.

Im alten Rathaus im Stadtteil Hürben informiert das **Stadtmuseum** über die Geschichte der Stadt von der Urzeit bis heute. Schmuckstücke der Sammlungen sind archäologische Schätze, meisterliche Handwerkererzeugnisse, v. a. aus reichsstädtischer Zeit, und das Thema Naturschutz (Dettinger Straße 3, Tel.: 0 73 22 / 48 03, April–Okt. So und feiertags 14–18 Uhr, Erwachsene 2 €, Kinder 7–17 Jahre 1 €).

Unbedingt besuchen sollte man die **HöhlenErlebnisWelt**, zu der

STEIFF MUSEUM !TIPP

Ein kleiner Stoffelefant, den die gelähmte Giengenerin Margarete Steiff 1879 anfertigte, begann der Siegeszug der heute weltberühmten Plüschtiere, deren Markenzeichen der „Knopf im Ohr" ist. In dem modernen Museum, in dem sich alles rund um die kuscheligen Plüschtiere dreht, gibt es nicht nur für Kinder viel zu entdecken. Liebevoll dekorierte Schaulandschaften lassen die Steiff Tiere beinahe lebendig erscheinen, deren Herstellung man auch selbst beobachten kann. Zu den wertvollsten Stücken gehört neben dem 1880 angefertigten Filzelefant von Margarete Steiff auch der berühmte Teddybär, der nach dem ehemaligen US-Präsidenten Theodor Roosevelt benannt wurde.

Steiff Museum
Margarete-Steiff-Platz 1, Giengen
Tel.: 0 73 22 / 13 15 00
www.steiff.de
Täglich 10–18 Uhr,
Erwachsene 10 €, ermäßigt 8 €, Kinder 6–17 Jahre 5 €.

die 587 m lange **Charlottenhöhle** gehört, eine Tropfsteinhöhle, die mit LED-Lichttechnik die faszinierenden Stalagmiten und Stalaktiten in Szene setzt. Wie die Schauhöhle entstand und entdeckt wurde, erfährt man im gegenüberliegenden HöhlenHaus, das zudem auch als Infostelle zum GeoPark Schwäbische Alb fungiert. Zum Abschluss lädt eine Erlebnisausstellung im HöhlenSchauLand zu einer Entdeckungsreise durch die Erdgeschichte ein, auf der man die Region vor Millionen von Jahren kennenlernt (Lonetalstraße 61, Tel.: 0 73 24 / 98 71 46, 1. April–31. Okt. werktags 9–11.30 und 13.30–16.30 Uhr, So und feiertags 9–16.30 Uhr; Erlebnisausstellung und Höhlen-Haus im Winter nach Anfrage; Erlebniskarte (Höhle + HöhlenSchau-Land) Erwachsene 7 €, Kinder 5 €, www.baerenland.de).

ESSEN & TRINKEN

Terrasse mit Teich

Salzburger Hof
Richard-Wagner-Straße 5, Giengen
Tel.: 0 73 22 / 9 68 80
www.salzburger-hof.de
In stilvoller Atmosphäre kommt man in den Genuss feiner, regionaler Gerichte. Tgl. geöffnet.

Traditionsreich

Restaurant Hotel Lamm
Marktstraße 17–19, Giengen
Tel.: 0 73 22 / 9 67 80
www.lamm-giengen.de
Gutbürgerliche Küche zeichnet das familiäre Hotel-Restaurant aus. Sonntagabend geschlossen.

SPORT & FREIZEIT

Bergbad
Schießberg, Giengen
Tel.: 0 73 22 / 53 73
Mai–Aug. 9–20 Uhr, Mi ab 7 Uhr, Sept. 9–19 Uhr, Mi ab 7 Uhr,

▶ *Die Zwergengrotte in der Charlottenhöhle.*

Erwachsene 3,70 €, Kinder 7–17 Jahre 2,50 €.
Das Freibad sorgt mit Riesenrutsche, Sprungturm, Planschbereich und Beachvolleyballfeld für einen abwechslungsreichen Badetag.

SERVICEINFO

i-Punkt
Marktstraße 9
89537 Giengen an der Brenz
Tel.: 0 73 22 / 9 52 29 20
www.baerenland.de

AUSFLUG INS LONETAL

!TIPP

Nur wenige Kilometer westlich von Sontheim liegt das nette Städtchen Niederstotzingen, von dem aus man zu Ausflügen ins malerische Lonetal starten kann. Das Trockental lockt vor allem Wanderer und Radfahrer mit seinen bewaldeten Talhängen und freien Auenflächen an. Eine Besonderheit sind die zahlreichen Höhlen, wie z. B. die Vogelherdhöhle, der Hohlenstein, die Bocksteinhöhle und das Fohlenhaus.

▶ SONTHEIM AN DER BRENZ

5.400 Einwohner

Am Rande der Schwäbischen Alb liegt der Ort Sontheim an der Brenz, dessen Renaissanceschloß aus dem 17. Jh. weit über die Region hinaus bekannt ist. Nach umfangreichen Sanierungsmaßnahmen erstrahlt das Schloß Brenz seit Herbst 2011 in neuem Glanz und ist seither wieder für die Öffentlichkeit zugänglich und mit neuem Leben erfüllt. So befinden sich in den Räumlichkeiten von Schloß Brenz nun die GeoPark Informationsstelle sowie das **Heimatmuseum Brenz.** Ständig wechselnde Sonderausstellungen bereichern das Angebot (Mai–Okt. So und feiertags geöffnet, Gruppenführungen nach vorheriger Anmeldung unter Tel.: 0 73 25 / 1 70).
Direkt neben dem Schloß Brenz befindet sich die **Galluskirche**, die als spätromanisches Bauwerk zu den schwäbischen Schmuckkirchen des Landes zählt und mit ihrer klaren Architektur und den Grabmalen im Inneren überaus sehenswert ist.
Durch die direkte Anbindung an die Brenztalbahn ist Sontheim bequem mit öffentlichen Verkehrsmitteln zu erreichen. Auch eine Anreise mit dem Fahrrad ist durch die Lage am Brenz-Radweg bestens möglich.

ESSEN & TRINKEN

Familiär
Gasthof zum Hirsch
Heinrich-Röhm-Straße 2, Sontheim
Tel.: 0 73 25 / 53 34
www.hirsch-sontheim.de
Uriges Flair wird mit einer deftigen, gutbürgerlichen Küche kombiniert. Mo Ruhetag.

SERVICEINFO

Gemeinde Sontheim
Brenzer Straße 25
89567 Sontheim an der Brenz
Tel.: 0 73 25 / 1 70
www.sontheim-an-der-brenz.de

1 Erlebniswanderung im Donautal

TOURINFO KOMPAKT

Anspruch:	Länge:	Dauer:	Höhendifferenz:
schwer	22,8 km	8:00 Std.	700 m

Diese Panoramarundwanderung startet bei der romantischen Jugendherberge Burg Wildenstein und führt über Schloss Bronnen zur Ruine Kallenberg.

Ausrüstung: Feste Wanderschuhe, Sonnenschutz und ausreichend Verpflegung und Getränke.

Anfahrt mit dem Auto: A81 bis Ausfahrt Empfingen, weiter Staatstraßen über Balingen, Meßstetten und Schwenningen nach Leibertingen, von hier weiter bis zur Burg Wildenstein.

Anfahrt mit Bus & Bahn: Mit dem Zug bis Beuron, weiter mit dem Bus nach Leibertingen.

Ausgangspunkt: Burg Wildenstein 48° 3' 18" N 9° 0' 3" O

Einkehr: Verschiedene Einkehrmöglichkeiten in den umliegenden Dörfern.
Unsere Empfehlung:
Jägerhaus · 78567 Fridingen-Bergsteig · Tel.: 0 74 66 / 2 54 · www.jaegerhaus.de, Wildgerichte aus eigener Jagd, Mo und Di Ruhetag.

Von der imposanten S **Burg Wildenstein** 1 starten wir die Rundwanderung auf dem Hauptwanderweg 2 (HW2) des Schwäbischen Albvereins (Markierung: rotes Dreieck). Die gut erhaltene Burg wird heute als Jugendherberge genutzt. Von hier aus wandern wir bergaufwärts und halten uns an der ersten Gabelung rechts. An der darauffolgenden Gabelung biegen wir links ab und verlassen kurz darauf die Teerstraße, um rechts auf einem Wanderweg weiter zugehen. Wir kommen am Buchbrunnen vorbei und dann zu einem vom Schwäbischen Albverein errichteten Kohlenmeiler. Diese wurden im 18. und 19. Jh. für die Verhüttung der Bohnerze benötigt. Kurz darauf informiert eine Tafel über einem alten Grenzstein mit seiner wechselvoller Grenzgeschichte.
Hinter dem Grenzstein biegen wir nach links ab, folgen weiter dem Weg und erreichen den Aussichtspunkt **Altstadtfels** 2. Ein Abstecher lohnt sich zum ausgeschilderten Jägerausblick. Nach einer kurzen Rast wandern wir weiter den Weg entlang bis zum ehemaligen Steighof, an den uns eine Informationstafel erinnert. Hier entscheiden wir uns für den linken Weg und unterbrechen den HW2. Am Blindloch macht der Weg einen

▶ *Schloss Bronnen.*

scharfen Rechtsknick und führt uns nach wenigen Metern über eine Teerstraße und einen Wanderweg weiter zum **Schloss Bronnen** ③. Allerdings ist die Burganlage nicht für die Öffentlichkeit zugänglich. Unterhalb des Burggrabens kann man auf einem steilen Pfad zu den Bronner Höhlen absteigen. Wieder zurück, folgen wir dem HW2 weiter zur **Ruine Kallenberg** ④ und queren dabei das Eselstal, das Bachtal und das Buttental. Das Eselstal war einst der Transportweg für die mit Mehlsäcken beladenen Esel zwischen Buchheim und der Bronner Mühle.

An der Ruine angelangt, haben wir einen großartigen Ausblick auf das Donautal. Nach der Besichtigung müssen wir uns hinter dem Wanderweg rechts auf die Teerstraße wenden und kurz darauf links auf einen weiteren Wanderweg abbiegen. Dann treffen wir wieder auf eine Teerstraße und halten uns hier rechts. Wer keine Brotzeit dabei hat, kann nach dem Abstieg von der Ruine Kallenberg an der Teerstraße einen Abstecher nach links machen und in der Ziegelhütte einkehren. Auf dem Donautalweg kehren wir zurück. Wer zu einem kleinen

TOURPROFIL

Rundwanderung mit vielen Sehenswürdigkeiten.

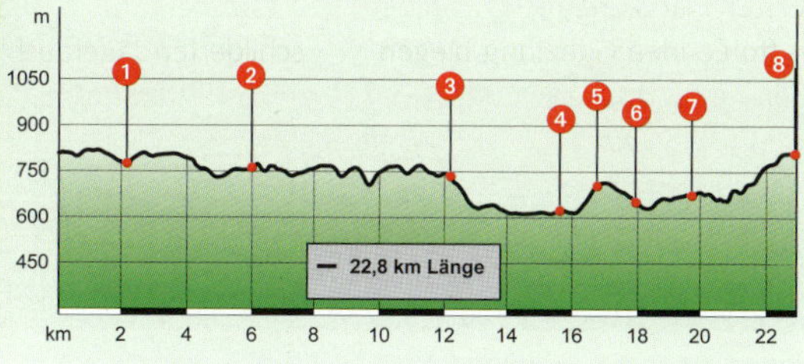

Abstecher nach rechts abbiegt, kommt zur Teufelsküche, einer Felsformation im Buttental. An der Donau entlang führt der Weg zur **ehemaligen Bronner Mühle** 5, die bei einem Erdrutsch zerstört wurde. Nach einer weiteren Einkehrmöglichkeit im Gasthaus Jägerhaus biegen wir rechts ab und steigen den Weg zurück zum Schloss Bronnen hinauf. Dazu halten wir uns an der ersten Gabelung nach links und folgen weiter dem Weg, der uns an der **Jägerhaushöhle** 6 vorbeiführt. Diese wurde vor allem in der Mittelsteinzeit als Schutz- und Wohnplatz genutzt. Wir wandern weiter in Richtung **Liebfrauental** 7 mit einer Wallfahrtskapelle und der Lourdes-Grotte. Auf der anschließenden Teerstraße halten wir uns rechts und laufen in Richtung Beuron. Wir queren die Buchheimer Straße, biegen an der nächsten Gabelung links ab, halten uns weiter geradeaus auf dem Wanderweg und gelangen zur **Petershöhle** 8, die durch eine steile Holztreppe erschlossen ist.
Nachdem wir den Fuß des Altstadtfelsens passiert haben, biegen wir scharf rechts ab, folgen dem Wanderweg und gelangen zurück auf die Teerstraße, die uns direkt zurück zur Burg Wildenstein führt.

► *Burg Wildenstein ist der Start- und Zielpunkt unserer Tour.*

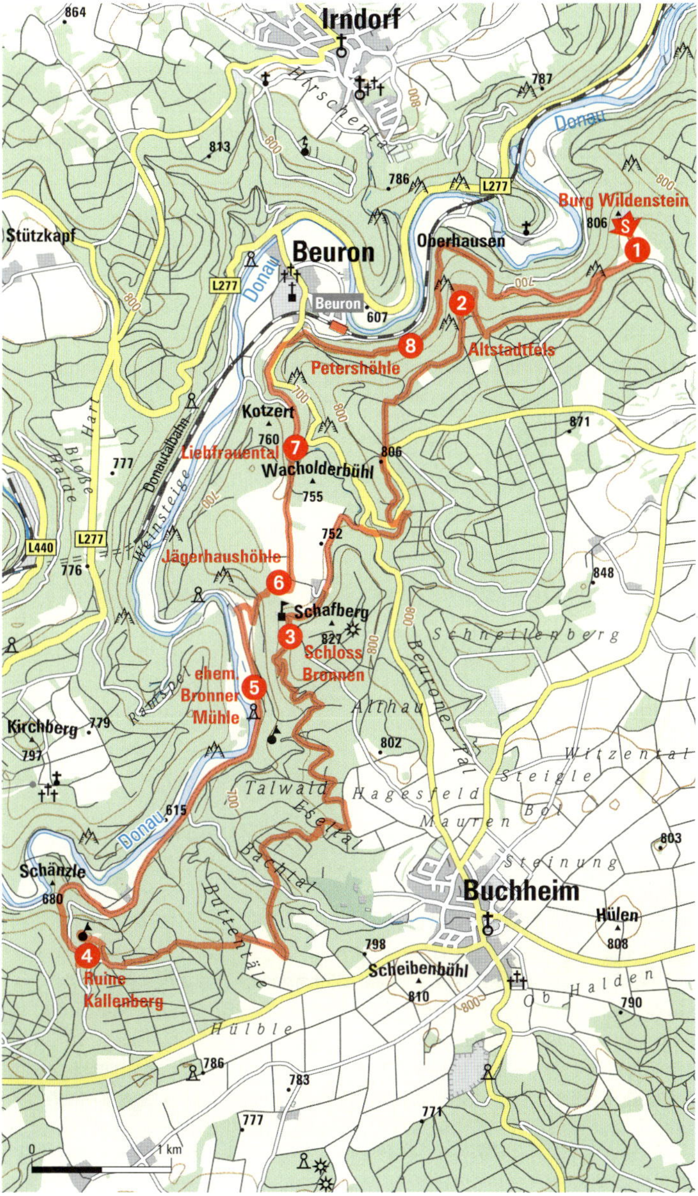

Irndorf
Hirschental
864
813
787
786
Donau
L277
Burg Wildenstein
806
S
1
Stützkapf
Beuron
Oberhausen
L277
Beuron
607
2
Altstadtfels
8
Petershöhle
Donautalbahn
Kotzert
760
7
Liebfrauental
Wacholderbühl
755
806
871
777
Hart
Bloße Halde
Weinsteige
752
L440
L277
776
Jägerhaushöhle
6
Schafberg
827
848
3
Schloss Bronnen
Schnellenberg
Beuroner Tal
ehem. Bronner Mühle
5
Ramspel
Althau
Kirchberg
779
797
802
Witzental
Steigle
Talwald
Hagesfeld
Eseltal
Bol
615
Mauren
803
Bachtal
Steinung
Schänzle
680
Buttentäle
Buchheim
Hülen
808
4
Ruine Kallenberg
798
Scheibenbühl
810
Ob Halden
790
Hülble
786
783
777
771
0
1 km

2 Lemberger Höhenrausch

TOURINFO KOMPAKT

Anspruch:	Länge:	Dauer:	Höhendifferenz:
schwer	20,2 km	6:30 Std.	634 m

In der Region der zehn Tausender geht es auf den Ortenberg und weiter über den Oberhohenberg, den Hochberg bis zum Gipfel des Lemberges.

Ausrüstung: Feste Wanderschuhe, Sonnenschutz, ausreichend Verpflegung und Getränke.

Anfahrt mit dem Auto: B27, Beschilderung nach Wehingen.

Anfahrt mit Bus & Bahn: Mit dem Zug nach Aldingen, weiter mit dem Bus nach Wehingen.

Ausgangspunkt: Hotel Keller in Wehingen
48° 8' 49" N 8° 47' 32" O

Einkehr: In Deilingen und Wehingen. Unsere Empfehlung:
Hotel und Café Keller · Bahnhofstraße 5 · 78564 Wehingen · Tel.: 0 74 26 / 9 47 80 · www.hotelkeller.de, Fr und Sa Abend Ruhetag.

Die Rundwanderung durch die Region der zehn Tausender startet am S Hotel Keller in Wehingen. Wir folgen der Bahnhofstraße in Richtung Sportplatz, biegen danach rechts in die Albstraße ein und folgen dem serpentinenartigen Weg den Berg hinauf. Hinter einer Hütte müssen wir nach links in den Wald abbiegen und der Fahrstraße bis zum Ende folgen. An der nächsten Weggabelung entscheiden wir uns wieder für den linken Weg und wandern weiter, verlassen den Wald und erreichen den **Fernmeldeturm** 1, der vor allem als Mobilfunksender dient. Wir bleiben auf dem Weg, biegen an der zweiten größeren Gabelung nach rechts ab, queren die nächste Kreuzung und gelangen zur **Deilinger Kapelle** 2. Danach umrunden wir den 995 m ü. NN hohen Ortenberg. Leider haben wir von hier aus keinen Ausblick, da der Weg wieder durch den Wald führt. Die bereits erklommenen Höhenmeter steigen wir wieder steil ab und kommen nach Deilingen. Wir treffen auf die Straße „An der Steig", halten uns rechts und folgen dieser bis zur Ortsmitte. An der Kreuzung zur Hauptstraße befindet sich das Deilinger Rathaus. Nun müssen wir der Langen Straße folgen, nach links in die Straße Reuthof abbiegen und uns nochmals an der nächsten Gabelung links halten. Wir verlassen

▶ *Der Lemberg.*

die Fahrstraße und gehen auf einem Schotterweg weiter. Hier haben wir einen großartigen Blick auf den Oberhohenberg, den wir wenig später erklimmen werden. An der nächsten Kreuzung biegen wir nach links ab und bleiben weiter auf dem Weg, der uns direkt zum **Hummelsee** 3 führt. Hier haben wir die Möglichkeit unsere müden Füße zu erfrischen und uns zu stärken, bevor wir die vor uns liegenden Berge erklimmen. Weiter geht es am Lauterbach entlang. Wir biegen an der nächsten Kreuzung nach rechts ab und anschließend gleich nach links. Auf dem Weg steigen wir etwa 100 Höhenmeter hinauf, bis wir den **Gipfel des Oberhohenberges** 4 erklommen haben. Hier legen wir eine Rast ein. Von der auf dem Oberhohenberg thronenden hochmittelalterlichen Burg ist bis auf wenige Reste kaum mehr etwas vorhanden. Anschließend passieren wir den Hochberg auf seiner westlichen Seite und wandern weiter zum Lemberg, dem höchsten Berg der schwäbischen Alb mit 1.015 m ü. NN. Wie viele andere Berge in

TOURPROFIL

Gipfeltour mit steilen Anstiegen.

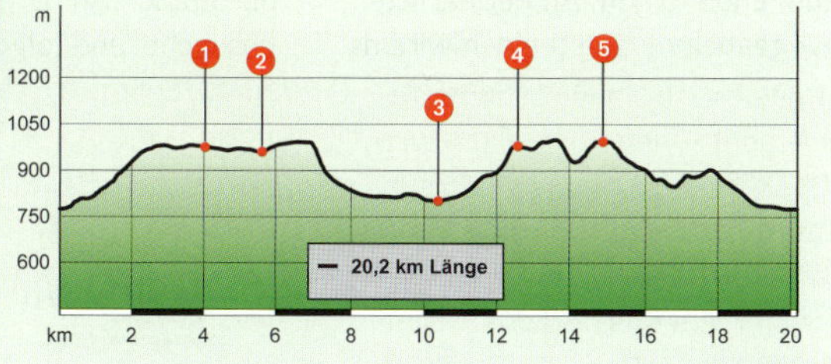

der Region ist auch der Lemberg ein sogenannter Zeugenberg. Das heißt, er ist ein Einzelberg, der aufgrund von Erosionsvorgängen von den angrenzenden Gesteinsschichten abgetrennt wurde. Wer möchte, kann auf dem Gipfel auf den **Lembergturm** 5, einen Aussichtsturm, steigen. Bei klarer Sicht kann man von hier aus bis zum Alpenrand im Süden blicken und in der Ferne die Zugspitze erkennen. Wir wandern den Weg wieder ein Stück abwärts, halten uns an der dritten Gabelung allerdings rechts. Nach einem kurzen Stück treffen wir auf eine Fahrstraße und biegen nach links ab.

An der zweiten Kreuzung biegen wir nach rechts ein und folgen dem Pfad weiter hinab. Auf der rechten Seite können wir die sogenannte Wunderfichte bestaunen: ein kandelaberartig gewachsener Baum. An der dritten Abzweigung wenden wir uns nach links und kommen wieder auf die Fahrstraße. Hier biegen wir nach rechts ab, zweigen in der nächsten scharfen Linkskurve auf den Wanderweg, queren eine Fahrstraße und wandern weiter in Richtung Wehingen. Wir biegen rechts auf die Lehmbergstraße ab, biegen weiter links in die Bertholdstraße ein, die in die Schulstraße übergeht. Dann überqueren wir die Deilingerstraße, nach dem Sportplatz biegen wir rechts in die Bahnhofstraße ein und wenden uns gleich wieder rechts zurück zum Ausgangspunkt.

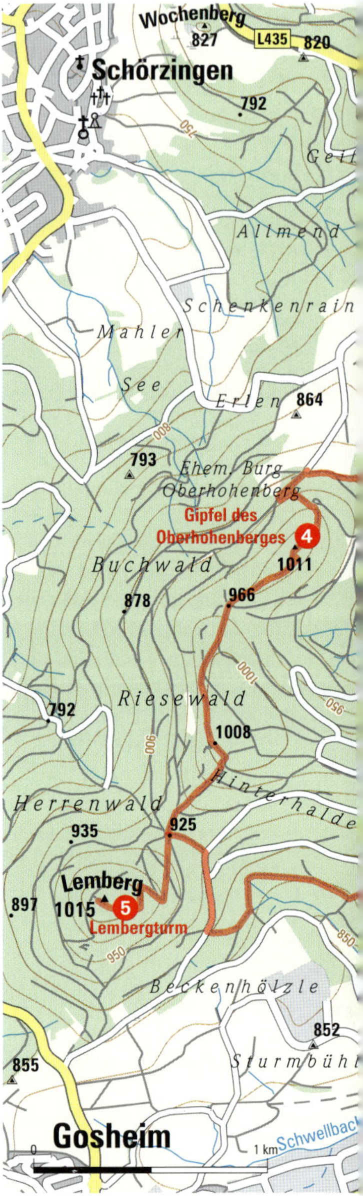

Deilingen
Delkhofen
Wehingen
Delkhofer Säge
Delkhofer Mühle
1 Fernmeldeturm
2 Deilinger Kapelle
3 Hummelsee
S
Ortenberg
995
Bühl
858
Wandbühl
1007
Bol
1002
Bürgle
L435
L433
Untere Bära
Mühlbach
Mittelbach
Stehbach
Tiefer Brunnen
Ehem. Steighof
Hasenwäldle
Hesselbol
Montschenloch
Wachbühl
Rötenbuch
Rubäckerhalde
Lützelhalb
Sommerhalde
Rubäcker
Ochsenäcker
Auchten
Rossreute
Reute
Raisäcker
Brühl
Binilaub
Burgstall
Rinnen
Rohr
Nachtweide
Jäuch
Stalläcker
Lindenäcker
Krottental
Eck
1006
1004
980
988
966
976
972
978
935
871
888
850
872
863
891
830
809
940
947
943

3 „Traufgang“ Zollernburg-Panorama

TOURINFO KOMPAKT

Anspruch:	Länge:	Dauer:	Höhendifferenz:
schwer	15,6 km	5:00 Std.	412 m

Unsere Rundwanderung führt uns durch Wiesen und Wälder unter anderem zum Aussichtspunkt Zeller Horn mit Ausblick auf die Burg Hohenzollern.

Ausrüstung: Feste Wanderschuhe, Sonnenschutz, ausreichend Getränke und Proviant.

Anfahrt mit dem Auto: B27 bis Ausfahrt Bisingen, weiter auf der L360 über Bisingen und Tanheim nach Stich.

Ausgangspunkt: Weiler Stich bei Onstmettingen
48° 17' 5" N 8° 58' 17" O

Einkehr: Am Weg.
Wanderheim Nägelehaus · Raichberg 1 · 72461 Albstadt-Onstmettingen · Tel.: 0 74 32 / 2 17 15 · www.naegelehaus.de, Mo und Di Ruhetag.
Berghotel Zollersteighof · 72461 Albstadt-Onstmettingen · Tel. 0 74 32 / 2 18 40 · www.hotel-restaurant-zollersteighof.de, Mo und Do Ruhetag.

Der Startpunkt unserer Tour liegt am S Weiler Stich, nördlich des Gasthauses Stich. Wir wenden uns nach links und folgen dem Weg an der Hangkante entlang bis zum **Heiligenkopf** 1. Von dort aus geht es in nordöstliche Richtung weiter bis zum Blasenberg. Vorbei am Ritterstall führt uns der Weg durch den Wald zum **Zollersteighof** 2, wo wir die Möglichkeit zum Einkehren haben. Nach einer kurzen Rast folgen wir dem Weg in Richtung Norden und erreichen das **Zeller Horn** 3. Von hier haben wir einen wunderbaren Ausblick auf die Burg Hohenzollern. Wir wenden uns wieder in die entgegengesetzte Richtung und folgen dem Weg, der uns halb um den Raichberg führt. Auf dessen Höhe wandern wir weiter in Richtung Süden, am Schuhbühl vorbei bis wir auf eine Fahrstraße treffen. Wir folgen der Straße nach rechts und biegen an der zweiten Abzweigung links auf einen Feldweg ab. Kurz darauf treffen wir wieder auf eine Straße und wandern an dieser weiter nach Westen. An der dritten Gabelung entscheiden wir uns für den Wanderweg, dem wir so lange über Felder folgen, bis wir wieder auf eine größere Straße treffen. An dieser biegen wir nach rechts ab und folgen dem Weg geradeaus nach Norden. Im Wald angekommen, drehen wir uns nach links und erreichen das **Nägelehaus** 4.

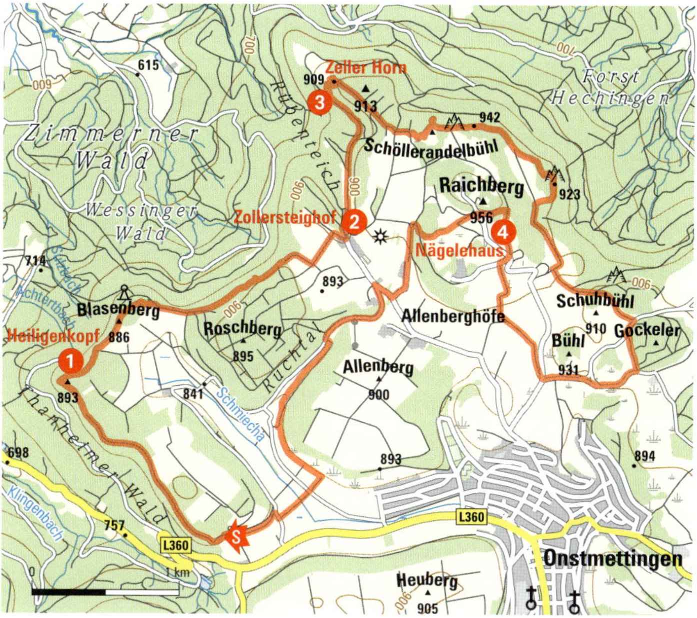

Hier können wir einkehren oder geradeaus nach Westen auf einem Pfad weiterwandern. Wir durchqueren ein kleines Waldstück und laufen kurz danach am Waldrand nach Süden den Weg entlang. Am Dagersbrunnen vorbei, halten wir uns an der nächsten Kreuzung rechts und biegen gleich wieder scharf nach links ab. Wir folgen der Straße weiter südwärts und biegen im Ruchtal nach links auf einen kleineren Weg ab, dem wir bis zur dritten Wegabzweigung nach rechts folgen. Wir passieren eine Fahrstraße, überqueren die Schmiecha und kommen nach wenigen Metern zurück zu unserem Ausgangspunkt.

TOURPROFIL

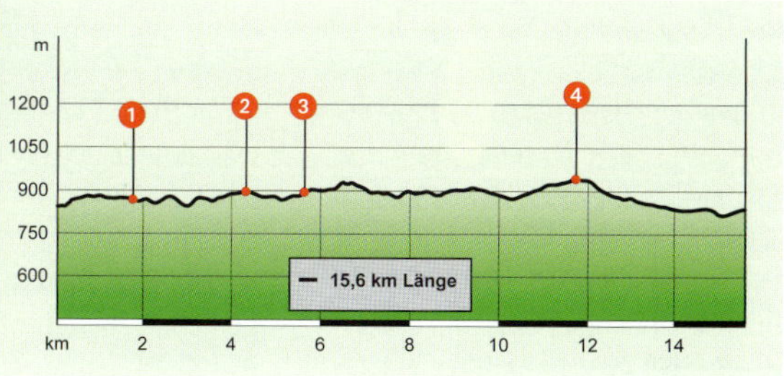

Wanderung auf unterschiedlichem Untergrund.

4 Rundwanderung um Mössingen

TOURINFO KOMPAKT

Anspruch:	Länge:	Dauer:	Höhendifferenz:
mittel	13,9 km	4:30 Std.	563 m

Südlich der Blumenstadt Mössingen führt uns die Rundwanderung um den Farrenberg herum.

Ausrüstung: Feste Wanderschuhe, Sonnenschutz und ausreichend Verpflegung und Getränke.

Anfahrt mit dem Auto: B27 über Tübingen bis Ausfahrt Mössingen.

Anfahrt mit Bus & Bahn: Mit dem Zug bis zum Bahnhof Mössingen.

Ausgangspunkt: Freizeitgelände Olgahöhe
48° 23‘ 27“ N 9° 3‘ 39“ O

Einkehr: Verschiedene Einkehrmöglichkeiten in Mössingen.
Unsere Empfehlung:
Kastanienhof · Bahnhofstr. 1 · 91785 Pleinfeld · Tel.: 0 91 44 / 92 98 90 · www.kastanienhof-pleinfeld.de, großer Biergarten, fränkische Schmankerl und leichte deutsche Küche, wechselnde Wochenkarte, Di Ruhetag.

Startpunkt dieser Tour ist das S Freizeitgelände Olgahöhe mit zahlreichen Grill- und Rastplätzen. Ganz am Ende befindet sich ein Aussichtspunkt, von dem man an klaren Tagen eine tolle Fernsicht bis in den Schwarzwald hat.
Von der Kuppe aus laufen wir auf einem Wiesenweg direkt bergab bis zur Straße, stoßen auf eine Kreuzung und queren diese. An der nächsten Gabelung biegen wir links in den Wanderweg ab und orientieren uns an den Markierungen mit blauem Dreieck und dem Hinweisschild Dreifürstenstein.
Wir folgen dem Weg weiter, überqueren einen Bachlauf und stoßen wieder auf eine Teerstraße. Nach wenigen Metern biegen wir scharf links ab, folgen der Teerstraße noch ein Stück und halten uns an der nächsten Gabelung rechts auf den Wanderweg, dem wir bergaufwärts folgen. Dann biegen wir nach links ab, folgen der Teerstraße und verlassen diese an der zweiten Gabelung nach links. Dem Weg bergaufwärts folgend, biegen wir rechts in einen schmaleren Pfad ein, auf dem wir weiter hinaufwandern. Dann treffen wir auf den Hauptwanderweg 1 (HW1), der mit einem roten Dreieck markiert ist.
Diesem folgen wir nun weiter bis zum **Dreifürstenstein** 1 und genießen einen fantastischen Ausblick über das Neckartal bis

▶ *Mössinger Bergrutsch.*

zum Schwarzwald. Auf dem HW1 wandern wir am Albtrauf, einem Stufenhang, entlang bis zur **Rutschung am Hirschkopf** 2, ein unter Naturschutz stehendes Gelände. Achtung: Die Kante ist ungesichert und das Gelände brüchig. Wir folgen dem Weg an der Hangkante entlang zu einer Infotafel, kommen an einer Schutzhütte vorbei und steigen weiter bergab, bis wir auf den Wanderparkplatz Bergrutsch stoßen.

Vom Parkplatz aus folgen wir dem Schotterweg und der Markierung mit einer blauen Gabel und kommen auf eine Fahrstraße, der wir kurz rechts folgen, bevor wir links und gleich wieder rechts die Schotterstraße nehmen. Diesen Weg gehend, biegen wir an der vierten möglichen Abzweigung

TOURPROFIL

Zunächst bergab, nach einem flachen Stück wieder bergauf.

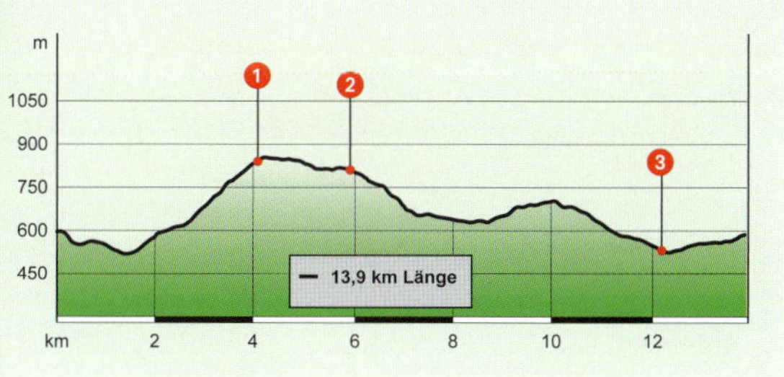

nach links ab. Kurz nach der Kuppe zweigt der Pfad nach links ab und läuft an einem Bach entlang. Wir treffen wieder auf eine Teerstraße, gehen hier rechts und wandern bis zum Wanderparkplatz Farrenberg. Hier folgen wir der Straße nicht weiter, sondern gehen geradeaus in den Wald hinein. Wir bleiben auf dem breiten Forstweg, der uns bald bergab führt und auf eine Fahrstraße trifft. Hier halten wir uns rechts und verlassen den Wald in Richtung Mössingen. Nach einer Rechtskurve zweigt links ein landwirtschaftlicher Weg ab. Wir folgen nun immer dem Hang entlang dem **Obstlehrpfad** 3, vorbei an Info-Tafeln und Rastbänken. Nach der Info-Tafel Nr. 2 halten wir uns links bis zum Waldrand und bleiben auf dem geschotterten Weg, am Waldrand entlang. Kurz danach stoßen wir auf ein breiteres Asphaltsträßchen. Hier wandern wir links kurz aufwärts, dann rechts durch die Schranke zum Freizeitgelände Olgahöhe, dem Ausgangspunkt dieser Wanderung.

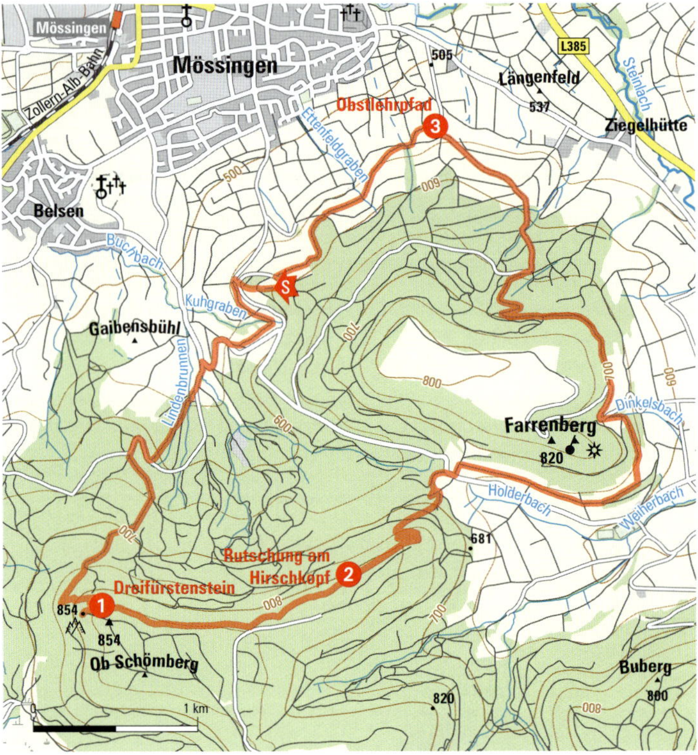

5 Schloss Lichtenstein und die Nebelhöhle

TOURINFO KOMPAKT

Anspruch:	Länge:	Dauer:	Höhendifferenz:
mittel	8,6 km	2:30 Std.	277 m

Vom romantischen Schloss Lichtenstein verläuft die Wanderung über den Aussichtspunkt Gießstein am Albtrauf der schwäbischen Alb entlang. In der Nebelhöhle, eine der schönsten Tropfsteinhöhlen in der Region, können wir bizarre Tropfsteinformationen bewundern.

Ausrüstung: Feste Sportschuhe, Sonnenschutz, Getränke und Proviant.

Anfahrt mit dem Auto: A8 Ausfahrt Stuttgart/Möhringen und dann weiter auf B27 Ausfahrt Metzingen/Aichtal nach Honau.

Anfahrt mit Bus & Bahn: Mit dem Zug nach Reutlingen, weiter mit dem Bus nach Honau.

Ausgangspunkt: Schloss Lichtenstein 48° 24‘ 19“ N 9° 15‘ 26“ O

Einkehr: Verschiedene Gaststätten in den umliegenden Dörfern.
Unsere Empfehlung:
Altes Forsthaus · Schloss Lichtenstein 5 · 72805 Lichtenstein · Tel.: 0 71 92 / 24 40 · www.altesforsthauslichtenstein.de, schwäbische Küche und Brotzeit, mit Biergarten, im Sommer Mo und Di Ruhetag.

Ausgangspunkt unserer Rundwanderung ist der S gebührenpflichtige Parkplatz am **Schloss Lichtenstein** 1. Das Schloss thront auf dem Albtrauf der Schwäbischen Alb über dem Echaztal und wird auch als das Märchenschloss Württembergs bezeichnet. Wir folgen den Wegweisern des Schwäbischen Albvereins mit dem roten Dreieck und erreichen die **Gaststätte Altes Forsthaus** 2. Der Weg macht nun

TOURPROFIL

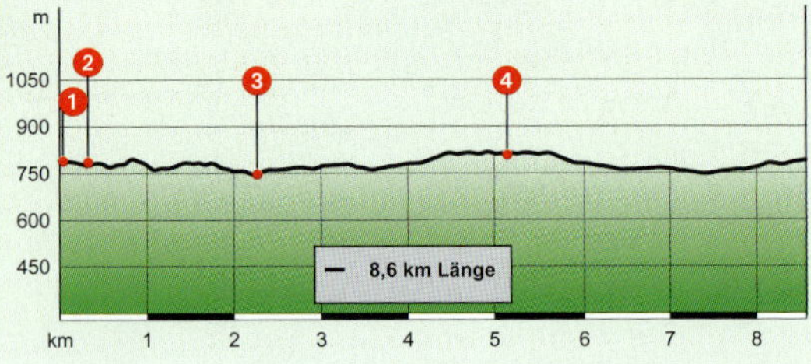

Kurze Tour am Albtrauf entlang.

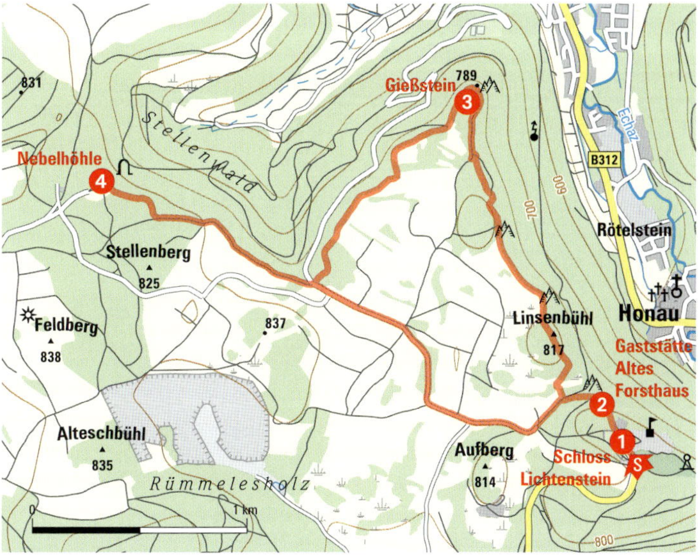

eine ausgedehnte Linkskurve, danach müssen wir gleich nach rechts abbiegen. Geradeaus dem Weg folgend, passieren wir den 817 m hohen Linsenbühl. Dann wandern wir parallel zum Echaztal bis zum Aussichtspunkt Breitenstein entlang. Kurz danach erreichen wir den Aussichtpunkt **Gießstein** ❸ (789 m ü. NN). Hier können wir eine Rast einlegen und den Ausblick genießen. Gut erholt, machen wir eine Linkskurve und gehen weiter, dem Weg folgend, durch den Wald. Am Ende des Weges treffen wir auf eine Fahrstraße und machen einen Abstecher nach rechts in Richtung **Nebelhöhle** ❹. Über 141 Stufen steigen wir in die Tropfsteinhöhle hinab und können dort bizarre Tropfsteingebilde bewundern. Wir wandern den Weg zurück und treffen wieder auf die Fahrstraße, der wir bis zu ihrem Ende folgen. Der Weg geht nun in einen Wanderweg über, dem wir zunächst geradeaus folgen, dann scharf nach rechts abbiegen und wieder zum Schloss Lichtenstein gelangen.

► *Tropfsteine in der Nebelhöhle.*

6 Michelskäppele – Kunstmühlefelsen

TOURINFO KOMPAKT

Anspruch:	Länge:	Dauer:	Höhendifferenz:
leicht	5,4 km	1:45 Std.	225 m

Die gemütliche Wanderung von Bad Urach über den Hochberg führt durch einen Teil des UNESCO Biosphärenreservat Schwäbische Alb zu etlichen Aussichtspunkten. Am Ende der Tour lohnt sich auch noch eine kurze Besichtigung der historischen Alstadt von Bad Urach.

Ausrüstung: Feste Sportschuhe, Getränke und Proviant.

Anfahrt mit dem Auto: A8 bis Ausfahrt Stuttgart/Möhringen, weiter auf B27 Ausfahrt Metzingen/Aichtal, auf B312 und B28 bis Bad Urach.

Anfahrt mit Bus & Bahn: Mit dem Zug zum Bahnhof Bad Urach.

Ausgangspunkt: Wilhelmsplatz in Bad Urach
48° 29‘ 30“ N 9° 24‘ 4“ O

Einkehr: Verschiedene Gasthäuser in Bad Urach oder den umliegenden Dörfern.
Unsere Empfehlung:
Restaurant Wilder Mann · Pfählerstr. 7 · 72574 Bad Urach · Tel.: 0 71 25 / 94 73 30 · www.restaurant-wilder-mann.de, mit Terrasse, regionale Spezialitäten, Mo und Di Ruhetag.

Ausgangspunkt dieser Rundwanderung ist der S Wilhelmsplatz in Bad Urach, ehemalige Residenzstadt der Grafen von Württemberg-Urach. Wir laufen die Straße Weberblaiche entlang und biegen rechts zum Dicken Turm ab. Gegenüber kommen wir in die Straße „Am Hochberg“. Wir folgen dieser, bis wir auf einen Wanderweg stoßen. Dieser verläuft serpentinenartig durch den Wald bergaufwärts und führt uns auf das Michelskäppele zum **Hochbergfelsen** 1. Von hier genießen wir den Ausblick auf die historische Altstadt von Bad Urach. Wir wandern den Weg noch ein Stück weiter den Berg hinauf, biegen zunächst scharf nach rechts ab und folgen weiter dem Weg, der nun eine Linkskurve macht. Danach laufen wir parallel zum Tal auf dem Grat des Hochbergs durch den Wald und haben die Möglichkeit links einen kurzen Abstecher zum **Hochberg** 2 zu machen. Von hier hat man noch eine bessere Aussicht auf das Ermstal als vom Michelskäppele. Zurück auf dem Hauptweg wandern wir den Albtrauf entlang. Ein Großteil der Hochbergfelsen gehört zum UNESCO Biosphärenreservat

Schwäbische Alb, einem Projekt zur nachhaltigen Entwicklung der Region. Wir kommen an einer Schutzhütte vorbei, gelangen direkt zum **Kunstmühlefels** (684 m ü. NN) 3 und haben auch von hier wieder einen großartigen Ausblick. Direkt gegenüber erkennen wir den Schorrenfels und rechts davon das Nottental. Nach einer kurzen Rast umrunden wir den Fels, biegen an der zweiten Wegabzweigung nach rechts ab und steigen den Wanderweg hinab. Im Mohrenteich angelangt, wandern wir eine langgestreckte Rechtskurve entlang und folgen dem Weg parallel zum Tal, nun aber in Richtung Norden. Wir treffen auf eine Weggabelung und biegen links nach Bad Urach ab. Der Wanderweg geht am Waldrand in die Fahrstraße „Am Hochberg“ über, der wir bis zur Ulmer Straße folgen, nach links zum Dicken Turm abbiegen und von dort aus durch die Weberblaiche zu unserem Ausgangspunkt zurückgelangen.

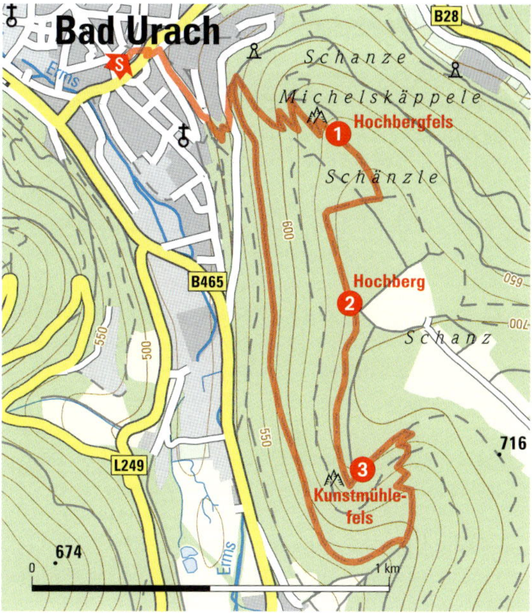

TOURPROFIL

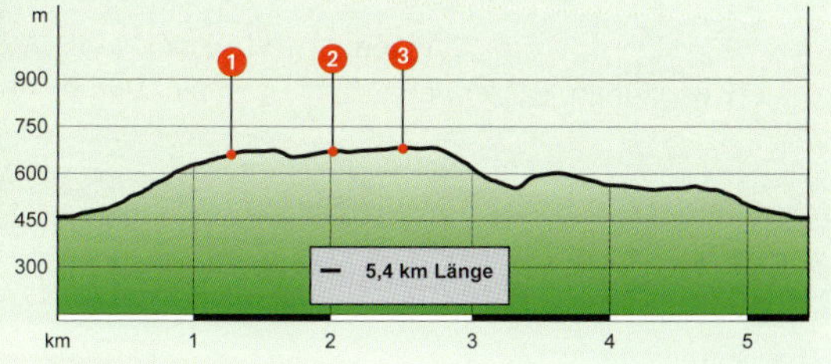

Zunächst bergauf, dann stetig bergab.

7 Wanderung auf dem Nordrandweg

TOURINFO KOMPAKT

Anspruch:	Länge:	Dauer:	Höhendifferenz:
mittel	13,5 km	5:00 Std.	512 m

Die Wanderung mit botanischen und geologischen Highlights führt von Neuffen durch Weinberge zum Bauerloch und zur Mulde Molach. An einem Steinbruch mit einem Vulkan-Embryo vorbei, geht es durch Hülben hinab nach Bad Urach.

Ausrüstung: Feste Wanderschuhe, Sonnenschutz und Verpflegung.

Anfahrt mit dem Auto: A8 bis Ausfahrt 55 Kreuz Wendlingen, weiter über die B313 und die L1250 über Nürtingen nach Neuffen.

Anfahrt mit Bus & Bahn: Mit dem Zug nach Neuffen.

Ausgangspunkt: Stadtzentrum Neuffen 48° 33' 12" N 9° 22' 39" O

Einkehr: Diverse Einkehrmöglichkeiten in Neuffen, Hülben und Bad Urach: Unsere Empfehlung: Gasthof Burrenhof · 73268 Erkenbrechtsweiler · Tel.: 0 70 26 / 73 46 · www.burrenhof.de, schwäbische Küche mit Produkten aus der Region, Brotzeit, Kuchen, Gartenterrasse, Mo Ruhetag.

In Neuffen wandern wir vom **S** Stadtzentrum in der Hauptstraße aufwärts und biegen links in die Eberhardstraße und gleich wieder rechts in die Schlossgasse ab. Wir verlassen die Fahrstraße und steigen

▶ *Das Stadtzentrum von Neuffen.*

▶ *Hoch über Neuffen, dem Startpunkt unserer Tour, thront die Burg Hohenneuffen.*

der Wegmarkierung mit dem blauen Dreieck folgend, durch Weinberge und durch das Naturschutzgebiet Neuffener Heide bergan. Der Weg verläuft zunächst nahe dem Waldrand am Hang entlang und dann in Serpentinen zum **Bauerloch** ❶ empor. Auf der Höhe am Hauptwanderweg 1 (HW 1) angekommen, können wir, vom Waldrand kurz geradeaus gehend, eine Schanze besichtigen. Ansonsten folgen wir, rechts abbiegend, dem Weg nahe am Waldrand. Die Route ist nun eine Stunde lang mit einem geologischen Pfad identisch. Der nahe dem Trauf abwärts fallende Pfad erreicht sogleich eine Senke, die zur Rechten in eine felsgesäumte Schlucht abstürzt und zur Linken in eine flache, kreisförmige Mulde, **Molach** ❷ genannt, mündet. Die Route führt uns nun weiter nahe dem Trauf bergan, verläuft dann eben, quert nach einer Schluchtspitze den Rücken des Barnbergs und erreicht schließlich am Waldrand entlang die südwestliche, 1.025 m lange Befestigung des Heidengrabens zwischen dem Kaltental und dem Neuffener

TOURPROFIL

Erst steil bergauf, dann recht flach, bevor es wieder abwärts geht.

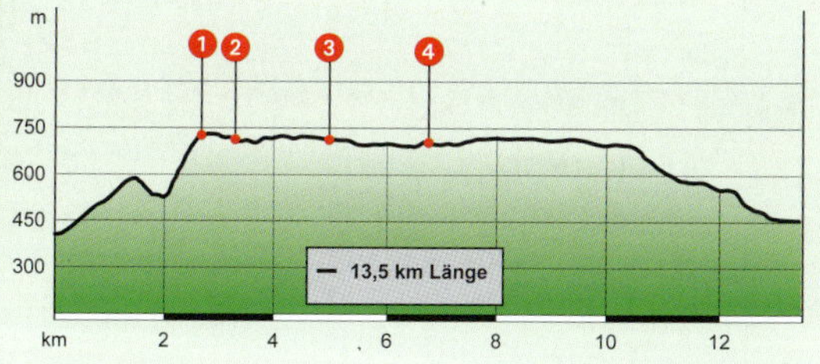

Tal. Gleich hinter dem Wall können wir zu einem viertelstündigen Abstecher zum **Burrenhof** ③ links abbiegen. Auf dem Rückweg stößt der Weg bald auf die Umzäunung eines großen Steinbruchs. Wir folgen zuerst diesem, dann der Straße, biegen nach rechts in die Steige ein und verlassen diese gleich wieder nach links am Parkplatz vorbei. Auf der Steige führt uns ein Abstecher von acht Minuten zum Eingang des Steinbruchs, wo links ein interessanter Vulkan-Embryo zu besichtigen ist. Vom Parkplatz gehen wir zunächst nahe dem Waldrand durch Felder, dann durch den Wald Kniebrech und in diesem halbrechts zur Hangkante, wo der HW 1 nach links abzweigt, während das blaue Dreieck geradeaus nach Neuffen weist. Der Alb-Nordrand-Weg leitet uns aus dem Wald heraus, führt uns kurz nach rechts und schließlich in der vorigen Richtung zum gegenüberliegenden Trauf und dem Waldrand hinauf. In der Waldecke können wir nach rechts mit wenigen Schritten den **Seizenfels** ④ besuchen, der einen Blick über das Ermstal gewährt (Zeichen blaues Dreieck). Zurückgekehrt, wandern wir zwischen Hang und Segelfluggelände und erreichen eine Fahrstraße, die uns nach Hülben hineinführt. Der Neuffener Straße, der Hauptstraße und der Friedhofstraße folgend, passieren wir Hülben. Bei der Gabelung am Ortsende gehen wir geradeaus und wandern rechts über Felder zu einer Seitenschlucht des Mauchentals hinab. An der

▶ *Das Rathaus in Bad Urach.*

nächsten Gabelung leitet uns der Pfad links abwärts, dann queren wir einen Forstweg und eine Fahrstraße. Danach kommen wir auf eine weitere Fahrstraße in Richtung Bad Urach, der wir stadteinwärts folgen. Um zur Stadtmitte zu gelangen, laufen wir durch die Straßen Am Kälberburren, Am Mahlensteig, links durch die Neuffener Straße und nach der Elsachbrücke durch die Pfählerstraße.

Mit dem Bus oder Zug über Metzingen und Nürtingen kommen wir ab Bad Urach Bahnhof zurück nach Neuffen.

8 Bierkultur-Wanderweg

TOURINFO KOMPAKT

Anspruch:	Länge:	Dauer:	Höhendifferenz:
mittel	14,9 km	4:00 Std.	222 m

Diese Tour steht ganz im Zeichen der Kunst des Bierbrauens. Zunächst verläuft sie durch das Städtchen Ehingen, in der das Brauereigeschäft tief verwurzelt ist. Über einen Abstecher in die Natur wandern wir zur Ortschaft Berg und von dort aus zurück nach Ehingen.

Ausrüstung: Asphalttaugliche Schuhe, evtl. Proviant und Getränke.

Anfahrt mit dem Auto: A7 bis Ausfahrt Nersingen, weiter auf B10 Richtung Neu-Ulm, B28 Richtung Stuttgart/Ulm, Ausfahrt B311 nach Ehingen.

Anfahrt mit Bus & Bahn: Mit dem Zug bis zum Bahnhof Ehingen (Donau).

Ausgangspunkt: Gasthof „Zum Ochsen" in Ehingen
48° 16' 57" N 9° 43' 33" O

Einkehr: Diverse Einkehrmöglichkeiten in den Ortschaften Ehingen und Berg. Unsere Empfehlung:
Gasthaus und Biergarten Wolfert · Am Stadion 8 · 89584 Ehingen · Tel.: 0 73 91 / 7 81 74 00 · www.wolfert-ehingen.de, mit Biergarten, schwäbische Spezialitäten, Di Ruhetag.

Der Startpunkt unserer Tour ist der S Gasthof „Zum Ochsen" in Ehingen. Wir laufen westwärts die Schulgasse entlang und kommen an der Oberschaffnei und der Schaffnei der Zisterzienserabtei Salem vorbei. Dem Straßenverlauf folgend, liegt am Ende das ehemalige Haus des Syndikus des Reichsritterkantons Donau. Wir biegen links in die Hauptstraße ein, gehen durch die Webergasse und die Scheibengasse an der Stadtmauer entlang und passieren das ehemalige Franziskanerkloster, in dem heute das Kulturamt untergebracht ist, und die Liebfrauenkirche. Diese umrunden wir und biegen rechts in die Hauptstraße ein. Hier haben wir die Möglichkeit in den **Brauereigasthof „Zum Rössle"** 1 einzukehren. Nach einer kurzen Stärkung queren wir die Schmiech und können Am Viehmarkt und in der Tuchergasse viel entdecken. Hier liegen der Viehmarktbrunnen, der Gasthof „Schwert" und das ehemalige Heilig-Geist-Spital und die Spitalkapelle, die jetzt das städtische Museum beherbergen. An die Gründung der Stadt erinnern der Pfisterturm und der teilweise re-

▶ *Biergarten in der Parkanlage Groggensee.*

konstruierte Wehrgang, die damals zur Sicherung der Bürger erbaut wurden. Über die Hindenburgstraße und die Bahnhofstraße kommen wir zur **Parkanlage Groggensee** ❷, die uns zu einer kurzen Entspannung einlädt. Am Ende des Sees queren wir abermals die Schmiech, kommen in den Skulpturenpark und zum Speth'schen Hof, in den die Städtische Galerie eingezogen ist. Auf der Straße Tränkberg und die Bahnhofsstraße kommen wir zur Kirchgasse. Hier steht die Stadtpfarrkirche St. Blasius. Den Marktplatz ziert der Marktbrunnen, den der Stadtpatron, der heilige Theodul, krönt und der Szenen aus der Ehinger Stadtgeschichte zeigt. Links an der Ecke zur Hauptstraße liegt der Ellenbacher Hof, auch genannt das Schlösschen am Markt. Biegen wir in die Schwanengasse ein, finden wir mit dem Brauereigasthof „Zum Schwanen" eine weitere Einkehrmöglichkeit vor. Wir folgen weiter der Herrengasse und kommen zur Hauptstraße. Dann

TOURPROFIL

Flache Wanderung durch Ehingen und Umgebung.

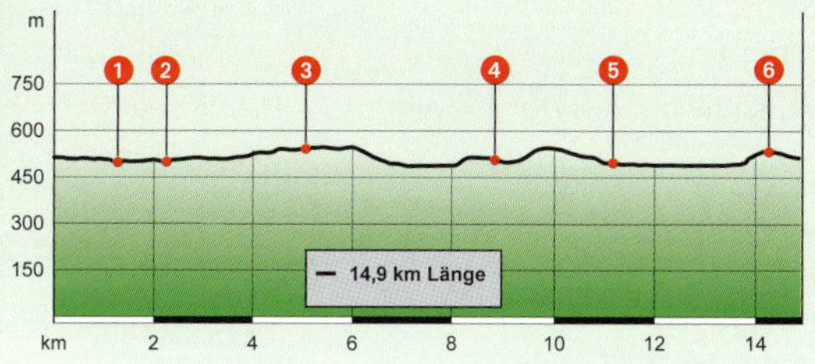

biegen wir links in die Gymnasiumstraße ein und gehen rechts auf die Kollegiengasse. Hier befindet sich das frühere Benediktinerkolleg mit der Herz-Jesu-Kirche, dessen Gebäude nun eine Grundschule beherbergt. Auf der Straße Burghof gelangen wir wieder auf die Hauptstraße zurück, biegen rechts in den Schmiechgraben, dann gleich wieder rechts in die Lindenstraße und gehen bis zum Ende der Müllerstraße. Ab hier können wir uns an den Schildern des Donauradweges orientieren. Links in die Winkelhoferstraße einbiegend, kommen wir am **Gasthaus und Biergarten Wolfert** 3 vorbei. Danach gehen wir rechts in die Fischersteige und folgen am Ende der Straße links dem Wanderweg in Richtung Nasgenstadt zur Kapellenstraße.

Wieder auf der Teerstraße, halten wir uns links, gehen die Alte Steige entlang und biegen links erneut in die Kapellenstraße ein. Danach überqueren wir die Donau auf der Neuen Steige und wandern den Berg hinauf in Richtung **Ernsthof** 4. Hier können wir uns im Hofladen mit Proviant eindecken oder uns im Café stärken und haben gleichzeitig einen tollen Ausblick auf das Umland. Dem Weg folgend, geht es erst ein Stück bergab, bevor man zum Wetterkreuz aufsteigt und in Richtung der Ortschaft Berg wandert.

Im Ort links in die Schützenstraße einbiegen, dann rechts auf den

► *Marktplatz mit Brunnen.*

Angerweg, wieder rechts in die Graf-Konrad-Straße und weiter in die Brauhausstraße. Hier können wir die **Bergbrauerei** 5 besichtigen. Anschließend biegen wir links in den Kapellenberg ein und gehen rechts in die Graf-Konrad-Straße, in der der Landgasthof „Zur Rose" liegt. Wir folgen dem Weg weiter nordwärts und überqueren die Donau. Danach halten wir uns erneut rechts und laufen ein Stück am Fluss entlang. An der nächsten Gabelung biegen wir links ab, überqueren die Schmiechbrücke und folgen dem Wanderweg bis zum Freibad. Wir kommen in die Müllerstraße und biegen dann links ab in die Wolfertanlage. Der Aufstieg auf den **Wolfertturm** 6 wird mit einem Blick auf Ehingen und Umgebung belohnt. Bei klarer Sicht kann man sogar bis zum Alpenrand sehen. Über den Wolfertweg und die Schillerstraße gelangen wir durch das Bucksgäßle wieder an unseren Startpunkt.

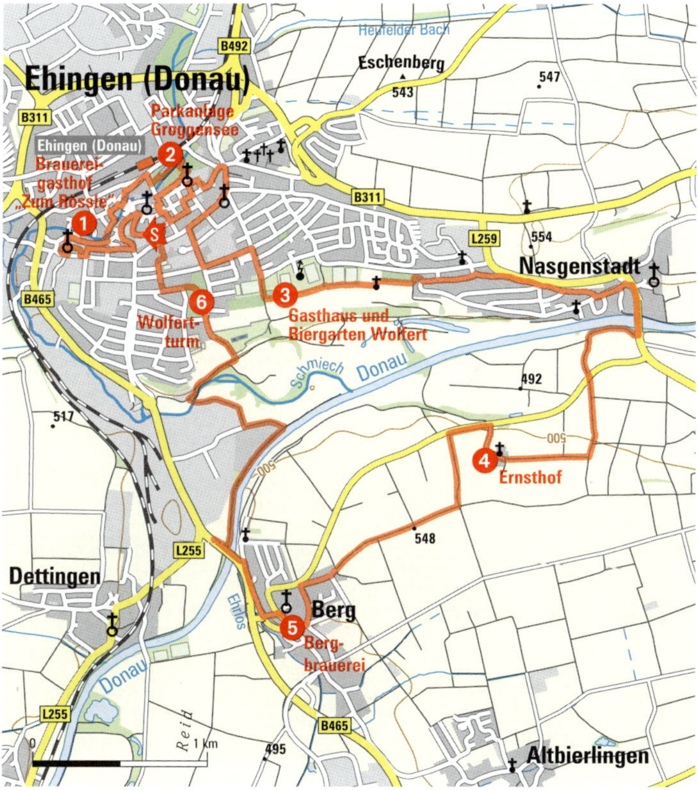

9 Rundwanderweg im Eselsburger Tal

TOURINFO KOMPAKT

Anspruch:	Länge:	Dauer:	Höhendifferenz:
leicht	4,6 km	1:30 Std.	56 m

Ausgehend von Herbrechtingen wandern wir durch das Naturschutzgebiet "Eselsburger Tal". Dabei halten wir uns immer an den Brenzverlauf und kehren nach kurzer Zeit an der anderen Flussseite wieder nach Herbrechtingen zurück. Dabei begegnen wir den Steinernen Jungfrauen.

Ausrüstung: Feste Sportschuhe, Sonnenschutz, ausreichend Getränke und Proviant.

Anfahrt mit dem Auto: A7 bis Ausfahrt 117 Giengen/Herbrechtingen.

Anfahrt mit Bus & Bahn: Mit der Bahn bis zum Bahnhof Herbrechtingen.

Ausgangspunkt: Freizeitbad Jurawell in Herbrechtingen
48° 37' 4" N 10° 10' 35" O

Einkehr: Einkehrmöglichkeiten in Herbrechtingen.

► *Die Steinernen Jungfrauen.*

Unsere Rundwanderung starten wir in Herbrechtingen am S Freizeitbad Jurawell im Baumschulenweg. Wir überqueren die Brenz in westliche Richtung und biegen an der ersten kleinen Kreuzung nach links ab. Danach laufen wir einen Bogen und verlassen den Weg nochmal nach links. Nun wandern wir auf einem Schotterweg in Richtung Süden und folgen dem rechten Ufer der Brenz. Am Waldrand entlang führt uns der Weg zu einer Brücke. Wir überqueren den Fluss und haben nun die Möglichkeit, der Fahrstraße nach rechts zu folgen und in der **Talschenke Eselsburg** 1 einzukehren. Nach der Rast kehren wir wieder auf die Straße zurück und folgen dieser zurück in Richtung Herbrechtingen parallel zum Flussverlauf. Dieser Weg führt uns an den sagenumwobenen **Steinernen Jungfrauen** 2, einer markanten Felsformation und Wahrzeichen der Stadt Herbrechtingen, vorbei. Kurz vor dem Ortseingang kommen wir am **Heimatmuseum Herbrechtingen** 3 vorbei. In der ehemaligen Sägemühle können wir uns über das Leben der Einwohner

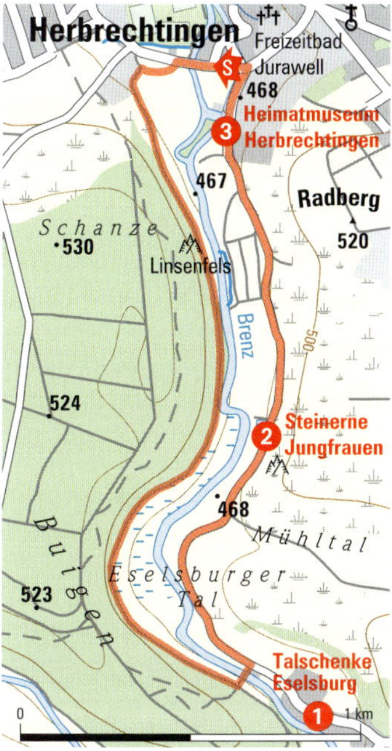

von vor etwa 150 Jahren informieren. An der nächsten Kreuzung biegen wir nach links ab und erreichen wieder unseren Ausgangspunkt. Hier können wir abschließend unsere müden Füße in der Kneippanlage gegenüber des Hallenbads kostenfrei erfrischen.

TOURPROFIL

Schöner Spaziergang an der Brenz entlang.

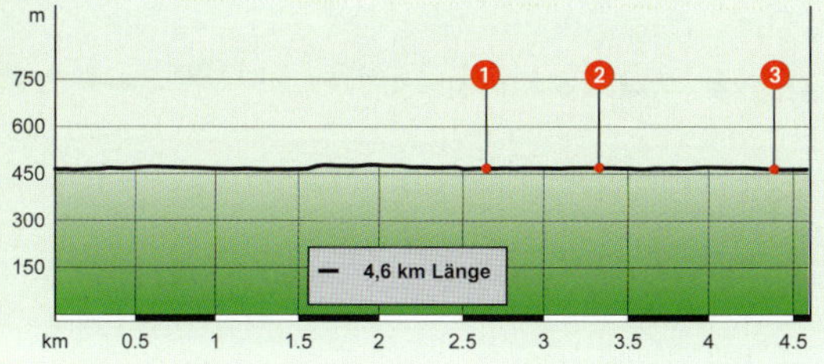

10 Meteorkrater Rundwanderweg

TOURINFO KOMPAKT

Anspruch:	Länge:	Dauer:	Höhendifferenz:
schwer	21,0 km	8:00 Std.	566 m

Auf dem Meteorkrater-Rundwanderweg folgen wir den Spuren der Urgewalt. Am Rand des Kraterbeckens erfahren wir viel Wissenswertes über die Geologie, Kultur, Flora und Fauna des Steinheimer Beckens.

Ausrüstung: Feste Wanderschuhe, Sonnenschutz, Proviant und Getränke.

Anfahrt mit dem Auto: A7 bis Ausfahrt Heidenheim, weiter auf Staatsstraßen über Heidenheim an der Brenz.

Anfahrt mit Bus & Bahn: Mit dem Zug bis Heidenheim, weiter mit dem Bus nach Sontheim im Stubental.

Ausgangspunkt: Sontheimer Wirtshäusle
48° 40‘ 25“ N 10° 4‘ 6“ O

Einkehr: Gaststätte Heiderose · Schäfhalde · 89555 Steinheim am Albuch · Tel.: 0 73 29 / 91 82 10 · www.heiderose-steinheim.de, wöchentlich wechselnde Karte, Di bis Do Ruhetag.

► *Schafherde auf dem Weg.*

► *Blick auf Steinheim.*

Wir starten unsere Wanderung auf dem Meteorkrater-Rundweg am S Sontheimer Wirtshäusle. Der Geologische Pfad begleitet uns auf den ersten Kilometern, das Geweih eines prähistorischen Gabelhirsches weist uns den Weg. Am Parkplatz informiert uns eine große Informationstafel über den Wegverlauf. Wir folgen der Hauptstraße in den Ort hinein und biegen an der ersten Kreuzung nach rechts zum Burgstall ab. Über einen schmalen Graspfad und eine Treppe steigen wir hinauf zum Aussichtspunkt **Burgstall** 1, wo wir einen tollen Rundblick über das Steinheimer Becken genießen. Auf der anderen Seite der Kuppe folgen wir dem Pfad wieder abwärts und wandern nun an blühenden Wiesen entlang Richtung Osten. Wir folgen den

TOURPROFIL

Auf und Ab durch Kraterlandschaften.

Markierungen wieder hinauf zum Kraterrand und erreichen den Knillwald. Im Schatten der Bäume bietet sich eine Holzbank zur gemütlichen Rast an.

Am Waldrand wandern wir geradeaus über die Wacholderheide und kommen bald darauf zur Schnellstraße, die wir überqueren und geradeaus dem Straßenverlauf folgen. Oben am Wegdreieck halten wir uns rechts und biegen kurz danach links auf einen Wanderweg ab. Dieser führt über Felder in den Wald hinein, bis wir wieder auf eine Straße treffen.

Es lohnt sich ein Abstecher zu den Tongruben. Kurz danach können wir an einer kleinen Schutzhütte gemütlich rasten. Hier folgen wir dem linken Abzweig zum Waldrand und haben kurz darauf die Möglichkeit in der **Ausflugsgaststätte Heiderose** ❷ einzukehren.

Wieder zurück auf dem Weg biegen wir an der nächsten Gabelung nach links ab und wir kommen an der Schäfhalde vorbei zum Segelflugplatz.

Rechts wandern wir durch eine Allee und über die Wacholderheide wieder rechts hinab ins Becken, wo wir beim **Schafhof Smietana** ❸ regionale Produkte einkaufen können.

Wir wandern weiter geradeaus ins Busental und links durch den Wald hinauf zur Hitzinger Steige. Hier lädt ein Grillplatz zu einer gemütlichen Rast ein.

Immer am Waldrand entlang führt unser Weg nun Richtung Westen. Ein kurzes Stück verläuft parallel zum Wald-Sinnes-Pfad.

Wir folgen der Markierung zum Parkplatz Hohe Steige, der uns einen herrlichen Rundblick über Steinheim bietet.

Quer durch die Felder gelangen wir anschließend an der Steingrube vorbei wieder in den Wald, wo wir ins Hirschtal absteigen. Hinter

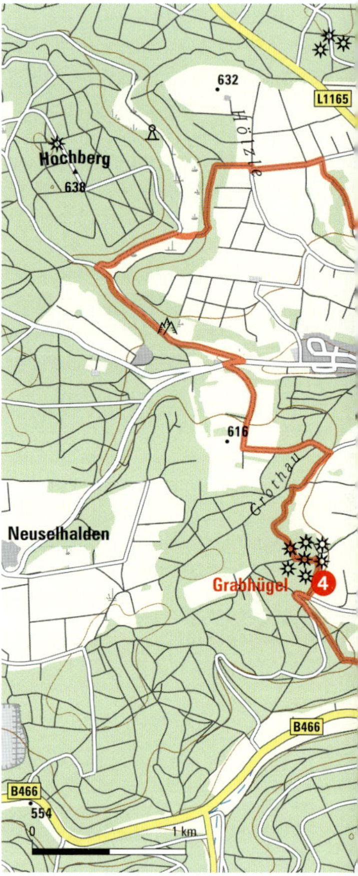

dem Staudamm folgen wir dem Weg nach links und erreichen am Talende den Parkplatz Hirschtal. Wir überqueren die Straße nach rechts, biegen wieder links ab und wandern durch Felder und blühende Obstgärten bergan.
Oben geht es links durch den Wald zum inneren Kraterrand, wo uns ein herrlicher Ausblick über das Steinheimer Becken erwartet. Immer am Kraterrand entlang führt unser Weg am **Grabhügel** 4 vorbei oberhalb des Stubentals in einem großen Bogen zurück nach Sontheim.
Wir biegen nach links in die Fahrstraße, halten uns zweimal rechts und erreichen wieder das Sontheimer Wirtshäusle, Ausgangspunkt dieser schönen Wanderung.

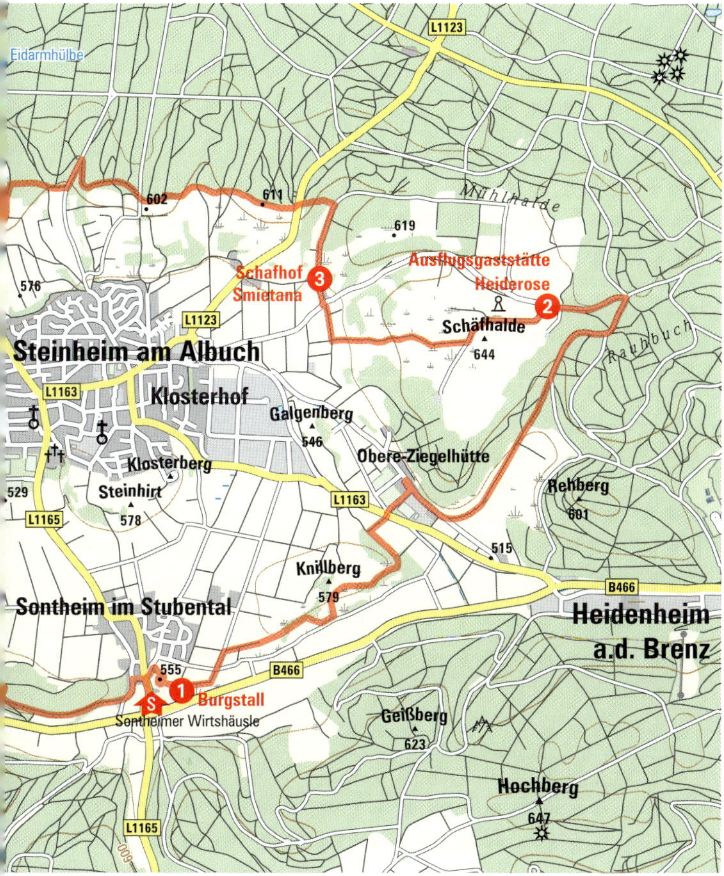

11 Schwäbische Alb Nordrand-Panoramaweg

TOURINFO KOMPAKT

Anspruch:	Länge:	Dauer:	Höhendifferenz:
schwer	18,1 km	6:30 Std.	690 m

Bei dieser abwechslungsreichen Tour von Unterkochen nach Heubach geht es hoch hinaus: Wir erklimmen einen Aussichtsturm und den Rosenstein, auf dem wir zwei Höhlen und eine Ruine sehen können.

Ausrüstung: Feste Wanderschuhe, Sonnenschutz, Getränke und Verpflegung für unterwegs.

Anfahrt mit dem Auto: A7 bis Ausfahrt Aalen/Oberkochen, weiter über Ebnat nach Unterkochen.

Anfahrt mit Bus & Bahn: Per Zug bis Aalen, mit dem Bus weiter nach Unterkochen.

Ausgangspunkt: Rathaus in Unterkochen
48° 49' 0" N 10° 7' 33" O

Einkehr: Gaststätten auf dem Weg. Unsere Empfehlung:
Gasthof zur Rose · Hauptstraße 43 · 73457 Essingen · Tel.: 0 73 65 / 9 60 70 · www.rose-holz.de, schwäbische Spezialitäten, Mi Ruhetag.

Start unserer Tour ist am S Rathaus in Unterkochen (hier sehen wir unsere Wegmarkierung), von hier aus laufen wir zwischen den Häusern hindurch in Richtung Bahngleise los. Wir unterqueren die Aalener Straße durch eine Fußgängerunterführung. Dann geht es weiter durch ein Wohngebiet, wir queren die Kocher und gehen dann unter einer Bundesstraße hindurch und passieren noch einige Wohnhäuser. Es geht nun bergan und wir kommen an eine Kreuzung, in deren Mitte ein Baum steht. Hier informiert uns eine Hinweistafel über die einzelnen Punkte unserer Etappe und zeigt uns an: Zum Aalbäumle sind es noch 2,5 km. Wir gehen dann geradeaus in den Wald hinein. Es folgt ein etwa halbstündiger, teilweise steiler Anstieg.

Nach diesem Wegstück durch den Wald queren wir die Forststraße und gehen geradeaus weiter. Wir folgen dem roten Dreieck und bieten an der bezeichneten Stelle rechts ab. Kurz darauf erreichen wir die Fridahütte (Schutzhütte) und auf dem Aalbäumleweg weiter den **Aussichtsturm Aalbäumle** 1. Wer möchte, erklimmt die 123 Stufen und kann oberhalb der Baumwipfel eine grandiose Rundumsicht genießen. Wieder den Boden unter den Füßen, folgen wir dann erneut dem roten Dreieck und gehen bergab. Achtung: Nach etwa 300 m biegt der HW 1 (rotes Dreieck) nach links ab. Hier verlassen wir diese Streckenführung und wandern, dem Zeichen „rote Gabel" (ein liegendes Y) folgend, geradeaus und kommen bald zur Zeppelinhütte (Schutzhütte). Es geht dann weiter in Richtung „Theußenberg" und wir erreichen die Osterbuchhütte (Schutzhütte mit Grillplatz). Auf unserem weiteren Weg passieren wir eine Abzweigung zum Aussichtspunkt **Falkensturz** 2. Der Abstecher ist insgesamt 2 km lang. Der Weg dorthin ist mit dem Zeichen „roter offener Winkel" bezeichnet.

Unser Weg führt jedoch weiter entlang der „roten Gabel". Achtung: Etwa 300 bis 400 m nach der genannten Abzweigung zum Falkensturz führt der Weg recht unmittelbar links in den Wald – also unbedingt auf das Zeichen achten! Nach etwa fünf Minuten verlassen wir bei der nächsten Wegkreuzung die „rote Gabel" und folgen der „blauen Gabel" nach rechts. Unterhalb dieser Abzweigung befindet sich ein Wanderparkplatz, davor führt eine kleine Teerstraße mit unserem Zeichen bergab. Hinter der Kurve folgen wir der blauen Gabel auf den Feldweg unterhalb der Wiese. Linksseitig endet die Wiese und wir biegen bei einem Rastplatz rechts ab, um gleich darauf den Fußpfad in den Wald zu nehmen. Entlang dieses aussichtsreichen Weges wandern wir nun bergab. Wenn wir aus dem Wald heraus kommen, treffen wir wieder auf Wiesen. In der Ferne sind der Fernsehturm vom Rosenstein, das Remstal und der Schwäbische Wald zu erkennen. Unsere Route führt uns nun in die Gemeinde Essingen. Als erstes kommen wir am örtlichen Schützenhaus vorbei. Eine steile Straße führt dann hinunter in das Wohngebiet, in dem wir in der ersten Querstraße links abbiegen. Nach 200 m, beim Haus Nr. 17, führt rechts ein Fußweg vorbei an einer Garage und hinunter in das Ortszentrum. Die Kirche lassen wir links von uns liegen, wenn wir bei der Einmündung der Kirchstraße in die Hauptstraße die „blaue Gabel" verlassen und nun dem „blauen

TOURPROFIL

Steile Anstiege und schmale Pfade – abschnittsweise Trittsicherheit absolut erforderlich.

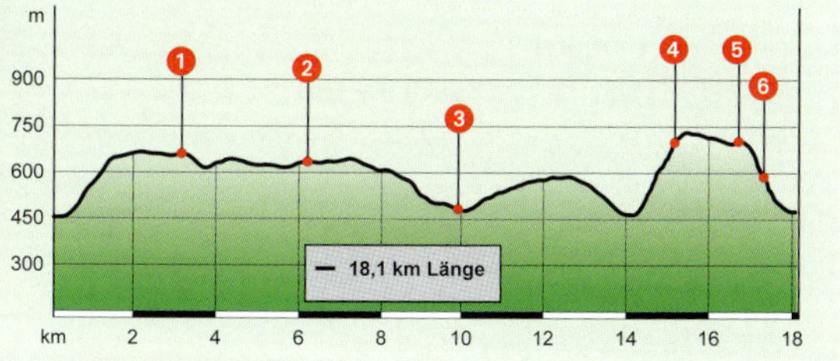

Dreieck" folgen. So wandern wir entlang der Hauptstraße, bis wir beim **Gasthaus Zur Rose** ❸ den Bach überqueren, das Dorf verlassen und der Straße in Richtung Lautern folgen. Unter der Hochspannungsleitung biegen wir nach links ab und nehmen in der Kurve den unteren Waldweg, der mit dem Schild „Lautern" und „blaues Dreieck" gekennzeichnet ist. Der Weg ist durch die Benutzung von Reitern und Forstarbeitern in keinem sehr guten Zustand. Zunächst geht es durch den Wald – streckenweise auch auf einer Wiese entlang –, bis wir schließlich Lautern erreichen. Noch vor dem ersten Haus befindet sich links oberhalb ein Spielplatz mit einer Grillstelle. Auf der Bergstraße erreichen wir den Ort. Unser „blaues Dreieck" führt uns an der Hauptstraße über den Bach, dahinter rechts ab und nach einigen Metern halten wir uns links. Hier beginnt der etwa 45-minütige, teils steile Anstieg auf den Rosenstein. Zunächst erklimmen wir noch einige Treppenstufen, dann geht es in Serpentinen auf einem recht schmalen Weg stets nach oben. Achtung: Bei Nässe kann das Laub sehr rutschig sein. Nach diesem schweißtreibenden Anstieg entlohnen zwei spektakuläre **Höhlen** ❹: „Das Haus" – hier entdeckte man bronzezeitliche und mittelalterliche Fundstücke – und die „Große Scheuer", eine tunnelartige Wohnhöhle. Die Wege zu den Höhlen sind sehr steil, teils felsig oder mit Laub bedeckt. Hier ist unbedingt Trittsicherheit erforderlich, besondere Vorsicht ist bei Nässe geboten. Die letzten Meter hinauf auf das Plateau des Rosensteins sind nichts für Ungeübte! Wenn

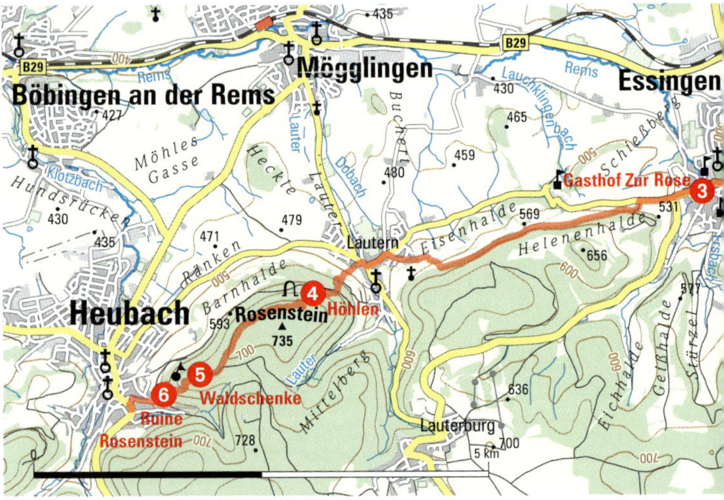

wir oben angekommen sind, halten wir uns rechts und kommen so auf den Rundweg, von dem immer wieder einzelne Aussichtspunkte mit imposanter Fernsicht abzweigen. Nachdem wir von dem Rosenstein-Rundweg heruntergekommen sind und ein Stück entlang eines Schotterweges gegangen sind, erreichen wir die **Waldschenke** 5, eine willkommene Möglichkeit zu Einkehr (Do Ruhetag). Von hier weist uns ein Wegweiser und das uns schon bekannte rote Dreieck den Weg zur Ruine.
Nun treffen wir nämlich wieder auf den HW 1 und gehen auf dem unteren Weg zur **Ruine Rosenstein** 6. Die Burgruine aus dem 12. Jh. erreichen wir über eine Brücke, die in schwindelerregender Höhe über den Halsgraben führt. Durch die Fensteröffnungen des alten Gemäuers haben wir einen schönen Blick auf unser Etappenziel Heubach und den Scheuelberg. Der Weg führt uns durch die Ruine und dann wieder vom Rosenstein hinab. Beim Abstieg nach Heubach gehen wir zunächst über einige Stufen. An der T-Kreuzung halten wir uns rechts. Hier passieren wir einen imposanten Kletterfelsen und können auch hier wieder das rote Dreieck ausmachen. Hinab geht es nun auf zahlreichen schmalen Serpentinen. Achtung bei Nässe, Rutschgefahr! An deren Ende wird der Weg wieder etwas breiter. Schließlich erreichen wir nach etwa 20 Min. Abstieg einen breiten Asphaltweg, auf dem wir rechts hinab in den Ort gehen. Mit dem Bus kommen wir vom Marktplatz in Heubach mit Umstieg in Aalen zurück zu unserem Ausgangspunkt in Unterkochen.

12 Über die „Drei Kaiserberge“

TOURINFO KOMPAKT

Anspruch:	Länge:	Dauer:	Höhendifferenz:
schwer	17,8 km	6:00 Std.	597 m

Die Landschaft zwischen Göppingen und Schwäbisch Gmünd dominieren die „Drei Kaiserberge“. Von der Ortschaft Hohenstaufen wandern wir über den Hohenstaufen, den Rechberg und den Stuifen bis nach Nenningen.

Ausrüstung: Feste Wanderschuhe, Sonnenschutz, Proviant und Getränke.

Anfahrt mit dem Auto: A7 bis Ausfahrt Aalen/Westhausen, weiter auf B29 über Schwäbisch Gmünd zur Ortschaft Hohenstaufen.

Anfahrt mit Bus & Bahn: Mit dem Zug bis Göppingen, weiter mit dem Bus.

Ausgangspunkt: Dorfplatz in Hohenstaufen
48° 44' 23" N 9° 43' 9" O

Einkehr: Unsere Empfehlung: Gerber's Burgschänke in der Burgruine Hohenrechberg · 73529 Rechberg · Tel.: 0 71 71 / 4 34 19 · www.burgruine-hohenrechberg.de, schwäbische Gerichte, Mo–Do Ruhetag, Nov.–Ostern geschlossen.

Wir starten unsere Tour an der S Bushaltestelle am Dorfplatz in Hohenstaufen. Auf der Kaiserbergsteige wandern wir bergauf vorbei am Staufermuseum und erreichen die Kirche. Zwischen der Kirche und der Kapelle gehen wir die Treppen bergauf und folgen der roten Markierung HW7 nach links in Richtung Hohenstaufen. Durch den Wald wandern wir in Serpentinen bergauf bis zur **Burgruine Hohenstaufen** 1. Es lohnt sich den ganzen Hang zu umrunden, denn von hier aus kann man einen herrlichen Ausblick genießen. Im Westen liegt Stuttgart mit dem Fernsehturm und im Norden den Murrhardter und Mainhardter Wald. Bei der Stehle am Aussichtspunkt sehen wir auch bereits den Rechberg – unser nächstes Ziel. Um zu diesem zu gelangen, folgen wir weiter dem Pfad HW7 Richtung Rechberg. In Serpentinen führt der Weg immer weiter bergab. Nachdem wir den Wald verlassen haben, überrascht uns ein herrlicher Ausblick bis ins Remstal und nach Schwäbisch Gmünd. Wir folgen dem Wanderweg weiter abwärts, bis wir auf eine Fahrstraße stoßen. Anschließend queren wir die Reichsdorfstraße, halten uns links auf dem Fuß-Radweg mit dem Wegzeichen „rotes Kreuz“ und folgen diesem

weiter parallel zur Straße. Auf dem Kammweg können wir in beide Richtungen blicken. Zu unserer Linken sehen wir hinab ins Remstal und bis Schwäbisch Gmünd. Auf der rechten Seite geht der Ausblick ins Filstal und zum Albtrauf.
Wir überqueren eine Straße, die nach Salach führt, orientieren uns links an der Jakobsmuschel und dem roten Kreuz in Richtung Hohenrechberg/Stuifen. Der Weg führt noch wenige Meter parallel zur Straße Richtung Schwäbisch Gmünd, dann folgen wir ihm bergauf der Hangkante entlang.
Über Wiesen kommen wir wieder in den Wald hinein. Der Weg steigt nun kurz steil an. Wieder am Waldrand angekommen, ist es nicht mehr weit bis zum Hohenrechberg und zum Stuifen. Wir wandern weiter in Richtung Rechberg, gehen an der Bushaltestelle in der Ortschaft nach links und weiter den Schlossberg hinauf, immer dem roten Kreuz folgend. Über Treppen erreichen wir die **Burgruine Rechberg** ❷. Diese ist sehr gut erhalten und bietet fantastische Blicke in Richtung Schwäbisch Gmünd und ins Remstal. Hier haben wir die Möglichkeit in Gerber's Burgschänke einzukehren. Nach einer kurzen Rast orientieren wir uns weiter am roten Kreuz, über die Brücke in Richtung Hohenrechberg wandernd. Der Straße folgen wir bergaufwärts bis zur **Wallfahrtskapelle Hohenrechberg** ❸.
Hinter der Kirche befindet sich ein weiterer schöner Aussichtspunkt. Im Ausflugslokal Hohenrechberg können wir uns stärken. Der Wanderweg führt uns anschließend abwärts in die Ortschaft Rechberg. Diese durchqueren wir auf der Kaiserbergstraße und folgen am Ortsende dem Fuß-Radweg. Wir biegen links in Richtung Braunhäusle ab und halten uns rechts auf dem Wanderweg durch die Felder leicht bergauf. Wir wandern rechts weiter, biegen in Richtung Gipfel links ab und schlagen dann den Pfad in den Wald ein. Dieser schlängelt sich bergauf, bis er auf einen Forstweg stößt. Hier halten wir uns links in Richtung **Gipfelkreuz** ❹. Das Stuifenkreuz wurde im September 2011 erbaut. An der Schutzhütte führt ein Pfad

TOURPROFIL

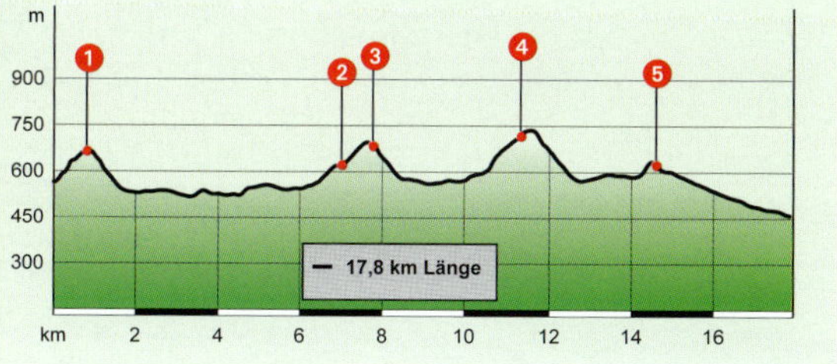

Teils steile Anstiege die Berge hinauf.

abermals nach oben bis zum alten Gipfelkreuz. Wir wandern am Hang entlang zum Gipfel (757 m ü NN). Danach geht es steil durch den Wald bergab und wir treffen auf eine Lichtung mit zahlreichen Wegweisern. Hier orientieren wir uns rechts in Richtung Franz-Keller-Haus und wandern, dem roten Kreuz folgend, bergab. Unten angekommen, folgen wir rechts der Teerstraße. Diese macht eine scharfe Linkskurve und verläuft am Schönberg entlang. Kurz vor Tannweiler biegen wir nach rechts in einen Weg ab, der uns zur **Reiterleskapelle** 5 führt, die dem heiligen Leonhardt geweiht ist. Hier befindet sich auch eine alte Linde, die vermutlich bereits im 16. Jh.

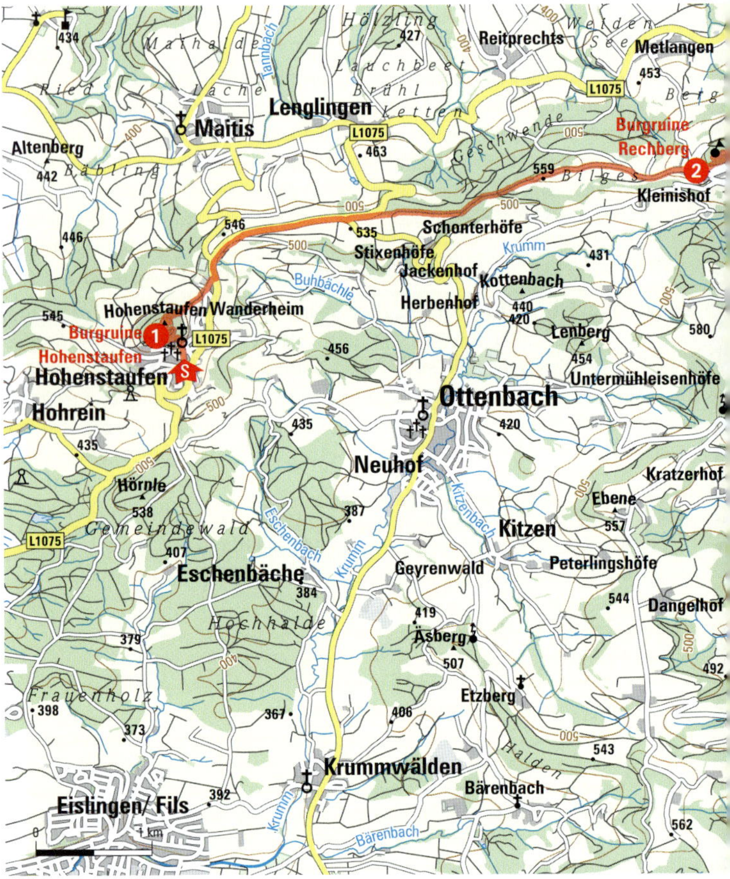

gepflanzt wurde. Nach einer kurzen Pause auf dem Rastplatz hinter der Kapelle, folgen wir der Markierung mit dem blauen Strich durch das Christental in Richtung Lauterstein und Nenningen. Wir ignorieren alle Abzweigungen und wandern geradeaus die Straße entlang. Am Ortseingang von Lauterstein gehen wir nach rechts die Christentalstraße bergabwärts bis zur Ortsmitte. Hier können wir einen kurzen Abstecher zur Friedhofskapelle machen, die die berühmte Pietà von Ignaz Günther beherbergt. An der Pfarrkirche St. Martinus befindet sich die Bushaltestelle von der wir über Göppingen zurück zu unserem Ausgangspunkt nach Hohenstaufen gelangen.

1 Schmeiental-Tour

TOURINFO KOMPAKT

Anspruch:	Länge:	Dauer:	Höhendifferenz:
leicht	21,9 km	2:00 Std.	379 m

Abwechslungsreiche Tour durch die wunderbaren Täler der Donau und der Schmeie. Während des wildromantischen Naturerlebnisses stehen auch mehrere kulturelle Highlights auf dem Programm.

Ausrüstung: Fahrradhelm, evtl. Sonnenschutz, ausreichend Proviant.

Anfahrt mit dem Auto: A8 bis Ulm, weiter B311 bis Mengen und dann B32 nach Sigmaringen.

Anfahrt mit Bus & Bahn: Mit der Bahn nach Sigmaringen.

Ausgangspunkt: Sigmaringen Bahnhof 48° 5' 12" N 9° 13' 18" O

Einkehr: Einkehr entlang der Strecke. Unsere Empfehlung:
Bootshaus – Restaurant, Café, Bar · In den Burgwiesen 9 · 72488 Sigmaringen · Tel.: 0 75 71 / 7 47 45 64 · www.bootshaus-sigmaringen.de, herzhafte Speisen, täglich geöffnet.

Wir beginnen unsere Tour in der S Bahnhofstraße in Sigmaringen und fahren in Richtung Stadtmitte. Nach kurzer Strecke überqueren wir geradeaus die Fürst-Wilhelm-Straße und radeln auf dem Rad- und Fußweg weiter entlang der Gleise. Am Beginn der Eisenbahnbrücke halten wir uns links und gelangen so hinab zum Donauradweg, dem wir nach links in Richtung Tuttlingen folgen. Zu unserer Linken thront das **Schloss Sigmaringen** 1, das Wahrzeichen der Stadt. Ursprünglich handelte es sich dabei um eine im Jahr 1077 erbaute Burg, die jedoch von den Fürsten von Hohenzollern-Sigmaringen bis 1908 zum Residenzschloss umgebaut wurde. Vor allem die vielen herrschaftlichen Säle, die fürstliche Waffensammlung und das Marstall- und Kutschenmuseum lohnen einen Besuch. Immer an der Donau entlang, passieren wir das Erlebnis-Camp Out & Back sowie das **Freibad Sigmaringen** 2 und unterqueren anschließend die B313. Nun radeln wir entspannt am **Wehr von Laiz** 3 vorbei. Das Donauwasserkraftwerk stellt die Energie für ungefähr 400 Haushalte zur Verfügung.

Hinter der Donaubrücke verlassen wir die Donau für ein kurzes Stück und folgen geradeaus der Inzigkofer Straße, welche eine leichte Linkskurve beschreibt und an einem Sportplatz vorbeiführt. Über Felder

▶ *Die Klosteranlage in Inzigkofen.*

und Wiesen gelangen wir nach Inzigkofen und halten uns direkt am Ortseingang beim Abzweig des Radwanderweges rechts. Es geht kurz bergauf und dann durch das Tor und den Park der ehemaligen **Klosteranlage Inzigkofen** 4, wo sich heute ein Volkshochschulheim und ein Bauernmuseum befinden. Am Ende des Parks folgen wir der asphaltierten Straße bergab, am Nickhof vorbei, und überqueren dann die Donau. Direkt hinter der Brücke wenden wir uns nach links und fahren entlang der Gleise weiter auf dem Donauradweg durch die romantische Auenlandschaft. Bald sehen wir zu unserer Rechten die Burgruine Neugutenstein, eine Felsnadelburg aus dem frühen Mittelalter. Unter der Brücke der Landstraße biegen wir am Abzweig des Radwanderweges rechts ab und radeln weiter in Richtung Unterschmeien. Nach ca. 200 m treffen wir auf einen breiteren Weg und folgen ihm halb rechts. Nun geht es im idyllischen Tal der Schmeie

TOURPROFIL

Ein kurzer und ein etwas längerer Anstieg, ansonsten eben.

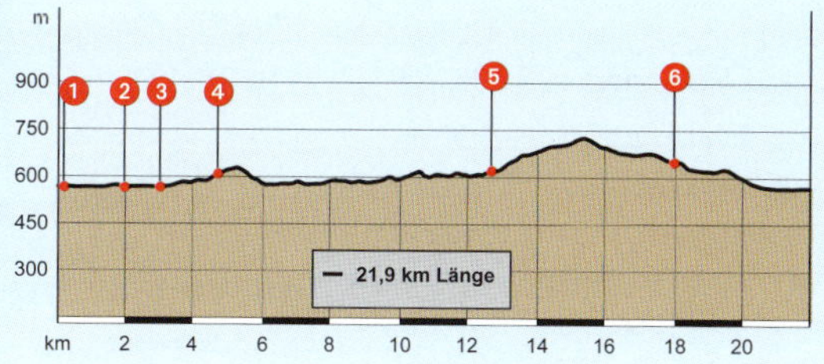

weiter, wobei wir sogleich die Bahngleise kreuzen und den kleinen Fluss auf einer Brücke überqueren. Hinter der der Brücke führt rechts ein Weg zum Zigeunerfelsen mit einer kleinen Höhle, zu der wir einen kurzen Abstecher machen können. An der ersten Weggabelung in Unterschmeien halten wir uns halb rechts und radeln auf dem Bühlweg bergauf. Anschließend biegen wir an der Kreuzung zunächst rechts und dann gleich wieder links in den Schulweg ab. Zu unserer Linken sehen wir die **Kirche St. Anna** 5 und gelangen nun direkt zur Kreisstraße, auf welcher wir nach links in den Wald hineinfahren. Bald geht es bergab zur Schmeie zurück. Hier im Schmeiental schlängelt sich unser Weg in Richtung Oberschmeien. Am Ortseingang angekommen, biegen wir am Abzweig des Radwanderweges nach rechts in die Straße „Im Tal" ab und fahren in Richtung Jungnau stetig bergauf. Dabei ignorieren wir mehrere kleinere Abzweige und radeln auch an der Kreuzung im Waldstück nach den Feldern geradeaus. Weiter geht es am Großwieshof vorbei und bald entlang der B463. An einer kleinen Weggabelung fahren wir geradeaus und erreichen schließlich den **Nollhof** 6, wo wir am Abzweig des Radwanderweges rechts nach Sigmaringen abbiegen. Wir folgen dem asphaltierten Weg am Waldrand entlang, passieren ein kleines Gehöft und fahren dann links zur Unterführung der B32. Direkt hinter der Unterführung geht es rechts auf die Jungnauer Straße. An der ersten Kreuzung in Sigmaringen radeln wir geradeaus weiter. Anschließend macht die Straße eine scharfe Linkskurve, aber für uns geht es

weiter geradeaus auf dem Rad- und Fußweg durch die Unterführung. Wir kreuzen die Straße In den Burgwiesen und fahren dann geradeaus durch die Grünanlage in Richtung Donau. Im Bootshaus an der neuen Brücke bietet sich eine Einkehr an. Gleich nachdem wir die Brücke überquert haben, biegen wir links auf den Donauradweg ab und erreichen so auf dem bereits bekannten Weg den Ausgangspunkt der Tour.

2 Drei-Tälertour: Lauter – Donau – Ach

TOURINFO KOMPAKT

Anspruch:	Länge:	Dauer:	Höhendifferenz:
mittel	43,7 km	4:00 Std.	651 m

Auf dieser Tour folgen wir den drei Flussläufen der Lauter, Donau und Ach. Die Rundtour beginnt an der Zwiefalter Ach, die nach wenigen Kilometern in die Donau mündet. Der Großteil der Tour verläuft anschließend im breiten Tal der Großen Lauter.

Ausrüstung: Fahrradhelm, Sonnenschutz, ausreichend Getränke und Verpflegung.

Anfahrt mit dem Auto: A7 bis Ausfahrt Berkheim, weiter auf der B312 in Richtung Zwiefalten.

Anfahrt mit Bus & Bahn: Vom Bahnhof Münsingen fährt an Sonn- und Feiertagen der Lautertal Freizeitbus dreimal täglich nach Zwiefalten.

Ausgangspunkt: Zwiefalten
48° 13' 55" N 9° 27' 36" O

Einkehr: Diverse Einkehrmöglichkeiten in den umliegenden Ortschaften.
Unsere Empfehlung:
Gaststätte Klosterbräu · Hauptstraße 24 · 88529 Zwiefalten ·
Tel.: 0 73 73 / 9 12 12 · www.bruihaus.de, im Winter Mi Ruhetag, ansonsten täglich geöffnet.

Die Drei-Tälertour beginnt am imposanten S **Zwiefalter Münster** 1. Vom Münsterplatz aus fahren wir auf der Hauptstraße in südöstliche Richtung und biegen nach der Zwiefalter Klosterbrauerei nach rechts ab. Nun folgen wir dem Weg an der Zwiefalter Ach entlang. Kurz hinter der Kläranlage, an der wir vorbeikommen, radeln wir auf einem schmalen Pfad direkt an der Bundesstraße entlang. Danach überqueren wir diese und folgen dem Weg weiter in östliche Richtung. Schließlich erreichen wir den Ortsrand von Zwiefaltendorf. Hier mündet die Zwiefalter Ach in die Donau. An der ersten Straße, auf die wir treffen, biegen wir links ab, anschließend ein zweites Mal links und folgen der Straße durch den Ort hindurch. Wir überqueren die Donau und biegen gleich danach links ab, um dem Weg an den Gleisen entlang zu folgen. Nach einiger Zeit überqueren wir die Gleise und kommen gleich darauf an **„Matzes Fisch- und Angelpark"** 2 vorbei, wo wir uns im Biergarten stärken können. Anschließend folgt ein sehr steiler Aufstieg in den Ortskern von Datthausen. Oben angekommen,

▶ *Die imposante Klosterkirche von Obermarchtal.*

halten wir uns rechts und biegen an der Durchfahrtsstraße nach links in Richtung Obermarchtal ab. Hier bietet sich ein Abstecher nach Obermarchtal an. Hierfür fahren wir auf dem Radweg an der B312 entlang. Auf Höhe der Klosterkirche von Obermarchtal radeln wir nach links durch die Unterführung der Bundesstraße und biegen dann nach links auf die Hauptstraße ab, die uns direkt zur **Klosterkirche** 3 führt. Von Obermarchtal aus besteht Anschluss an den Donauradweg, über den wir auf unsere Drei-Tälertour zurückkommen oder wir fahren nach der Besichtigung der Klosterkirche ein kurzes Stück zurück und dann über Rechtenstein weiter. Hierzu radeln wir zunächst auf demselben Weg zurück.
Am Ortsrand von Obermarchtal wechseln wir auf den Weg auf die andere Straßenseite und folgen diesem schließlich in nordwestliche Richtung bis nach **Rechtenstein** 4.

TOURPROFIL

Anspruchsvolle Tour an Flussläufen entlang.

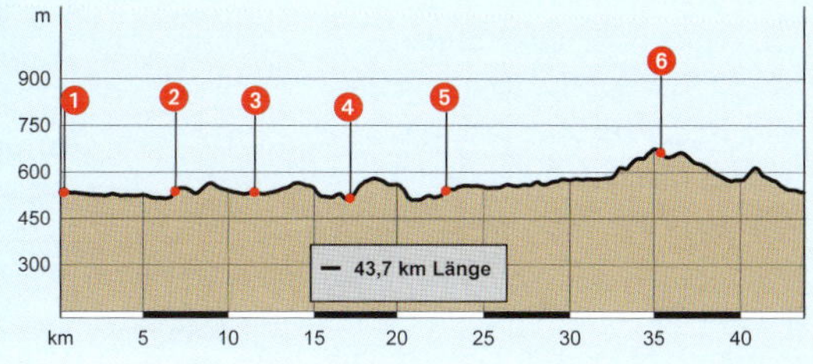

In Rechtenstein überqueren wir die Donau und biegen anschließend nach rechts ab. An der nächsten Abzweigung halten wir uns links und fahren bergan in nordöstliche Richtung. Wir folgen dem Weg aus dem Ort hinaus und biegen anschließend an einer Kreuzung nach rechts ab. Nun geht es bis ins Tal der Großen Lauter gemütlich bergab und an der nächsten Kreuzung müssen wir nach rechts abbiegen. Am Hochberg entlang fahren wir nach Talheim und wenden uns dort erst nach links und dann gleich wieder nach rechts. Hinter Talheim fahren wir auf einem Pfad direkt bis zum Fluss hinab. In Lauterach biegen wir an der Brücke nach links und gleich darauf nach rechts ab. Nun geht es durch das felsige Lautertal. Vor der **Laufenmühle** 5 halten wir uns rechts, wo es steil bergauf geht.

Kurz darauf fahren wir am Waldrand weiter, zunächst geht es noch etwas bergauf, schließlich aber wieder bergab und wir folgen weiter dem Lauf der Großen Lauter. Bei Unterwilzingen überqueren wir die Lauter und folgen nun dem Weg auf der linken Seite des Flusses. Kurz vor Anhausen queren wir den Fluss und fahren durch die Ortschaft in westliche Richtung bis Indelhausen. Hier überqueren wir ein letztes Mal die Große Lauter und biegen nach der Brücke nach links ab. Gleich darauf folgen wir zu unserer Linken dem Ringwallweg. Nun fahren wir in südliche Richtung weiter, wo es zunächst ordentlich bergauf geht. Wir kommen vorbei am **Ferienpark Lauterdörfle** 6 und erreichen schließlich Hayingen selbst. Dort folgen wir zunächst der Marktstraße, die dann in die Zwiefalter Straße übergeht. Schließlich zweigt die Zwiefalter Straße nach

links ab und führt uns aus dem Ort hinaus. Hier müssen wir uns kurz danach an einer Gabelung rechts halten. Wir folgen weiter der Landstraße ins Tal hinab, wo wir auf den Hasenbach treffen, der nach kurzer Zeit in die Zwiefalter Ach mündet. Bis auf Höhe der Mündung geht es noch einmal etwas bergauf, aber schließlich können wir es auf kurviger Strecke rollen lassen bis zu unserem Ausgangspunkt Zwiefalten. Zu unserer Rechten haben wir zwischen den Bäumen hindurch immer wieder großartige Ausblicke auf das Tal der Zwiefalter Ach.

3 Münsinger Albtour

TOURINFO KOMPAKT

Anspruch:	Länge:	Dauer:	Höhendifferenz:
mittel	46,0 km	4:00 Std.	588 m

Unsere Tour führt uns von Münsingen aus über die Albhochfläche zum berühmten Haupt- und Landgestüt Marbach.

Ausrüstung: Fahrradhelm, ausreichend Getränke und Verpflegung.

Anfahrt mit dem Auto: A8 bis Ausfahrt Kirchheim unter Teck, weiter über die B465 nach Münsingen.

Anfahrt mit Bus & Bahn: An Sonn- und Feiertagen mit der Schwäbischen Albbahn oder den Radwanderbussen bis Münsingen.

Ausgangspunkt: Münsingen
48° 24' 34" N 9° 29' 23" O

Einkehr: Gaststätten auf dem Weg. Unsere Empfehlung:
Hotel Gasthof Herrmann · Am Marktplatz · 72525 Münsingen · Tel.: 0 73 81 / 1 82 60, www.hotelherrmann.de, kreative und bodenständige Küche aus regionalen Produkten, täglich geöffnet.

Unsere Tour beginnt am S Münsinger Bahnhof. Wir fahren auf der Lautertalstraße nach Süden und biegen rechts in die Grafenecker Straße ein. Diese führt uns zum **Schloss Grafeneck** 1, das eine dunkle Vergangenheit hinter sich hat. Hier wurden während des Nationalsozialismus Menschen mit Behinderung systematisch umgebracht.
Anschließend halten wir uns rechts, queren die Bahngleise und fahren an der parallel zu uns verlaufenden Landstraße weiter zum **Landgestüt Marbach a. d. Lauter** 2. Unser Radweg führt nun an den Schienen entlang und, dem Lauf der Großen Lauter folgend, nach Gomadingen. Im Ort biegen wir links auf die Hauptstraße und wieder links auf die Brunnenstraße. Wir folgen dem Straßenverlauf und passieren den **Hackberg** 3 und den Hungerberg. Anschließend müssen wir uns an der Kreuzung rechts halten und dem Straßenverlauf durch den Wald in Richtung Ödenwaldstetten-Hohenstein weiter folgen. Über die Marbacher Straße kommen wir in die Eglinger Straße, fahren einen Bogen durch die Weiße Gasse und biegen links in die Lindenstraße ein. Links zweigt hier direkt die Jahnstraße ab, wo sich das **Bauernhausmuseum Ödenwaldstetten** 4 befindet. Hier

▶ *Die Ruine Hohengundelfingen.*

können wir einen kulturell informativen Zwischenstopp einlegen.
Auf der Lindenstraße lassen wir anschließend Ödenwaldstetten hinter uns und radeln zwischen Feldern und Waldstücken hindurch in das **Weidental** 5 hinein, an dessen Ende es nach links in die Ortschaft Ehestetten geht.
Im Ort biegen wir nach links in die Hauptstraße ab und fahren nach rechts in die Schloßstraße. Am Ortsausgang halten wir uns links in Richtung **Steighof** 6. Hier befindet sich u. a. ein Demeter-Hof mit Hofladen. Nach einer kurzen Rast fahren wir weiter in Richtung Süden und folgen der Straße am Waldrand entlang. Nach einer ausgedehnten Linkskurve treffen wir wieder auf die Große Lauter und fahren weiter nach Gundelfingen. Wir umrunden die **Ruine Hohengundelfingen** 7, zu der wir einen kurzen Abstecher machen können, und folgen dem Hohengundelfinger Weg nach Nordosten. Über Dürrenstetten erreichen wir Bemelau. Wir durch-

TOURPROFIL

Entlang der Albhochfläche durch Wiesen und Wälder.

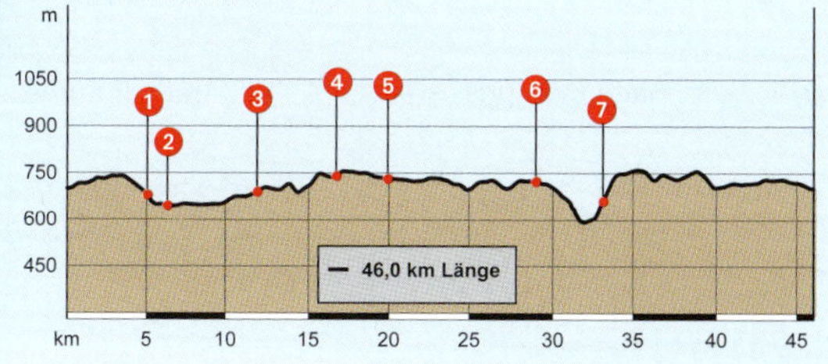

queren die Ortschaft und verlassen am Ortsausgang die Ehinger Straße, in dem wir weiter geradeaus fahren. Dem Radweg folgend, stoßen wir bei Unterheutal wieder auf Bahnschienen, denen wir in nordwest-

liche Richtung nach Münsingen hinein folgen. Wir verlassen die Wolfsgartenstraße, biegen links in die Karlsstraße ein und folgen nach links der Lautertalstraße, die uns zum Bahnhof zurückführt.

4 Rund um den Hohenurach und zum Wasserfall

TOURINFO KOMPAKT

Anspruch:	Länge:	Dauer:	Höhendifferenz:
leicht	12,1 km	1:45 Std.	393 m

Diese Tour führt uns um den Schlossberg hin zum Uracher Wasserfall, weiter um den Runden Berg und über das Gestüt Güterstein zurück nach Bad Urach.

Ausrüstung: Fahrradhelm, ausreichend Getränke und Verpflegung.

Anfahrt mit dem Auto: A8 bis Ausfahrt Stuttgart/Möhringen, weiter auf B27 Ausfahrt Metzingen/Aichtal, auf B312 und B28 bis Bad Urach.

Anfahrt mit Bus & Bahn: Mit dem Zug zum Bahnhof Bad Urach.

Ausgangspunkt: Bad Urach 48° 29‘ 46“ N 9° 22‘ 22“ O

Einkehr: Gaststätten in Bad Urach.

▶ *Der Uracher Wasserfall.*

Wir starten unsere Tour in der Straße S Vorderes Maisental in Bad Urach. Am **Maisentalstüble** 1 vorbei, biegen wir nach links ab, umrunden den Schlossberg und treffen an dessen Ostseite auf eine Fahrstraße.

An der nächsten Gabelung verlassen wir diese wieder und folgen dem Weg weiter geradeaus, bis wir bei der übernächsten Kreuzung scharf nach rechts abbiegen müssen. Wir bewältigen eine kleine Steigung und kommen wieder an eine Kreuzung. Hier entscheiden wir uns für den breiten Weg, welcher uns halb links über zwei Serpentinen nach unten führt. Am Waldrand angelangt, biegen wir scharf nach links und folgen dem Verlauf des Brühlbaches bis zum **Uracher Wasserfall** 2. Hier stürzt der am Rande der

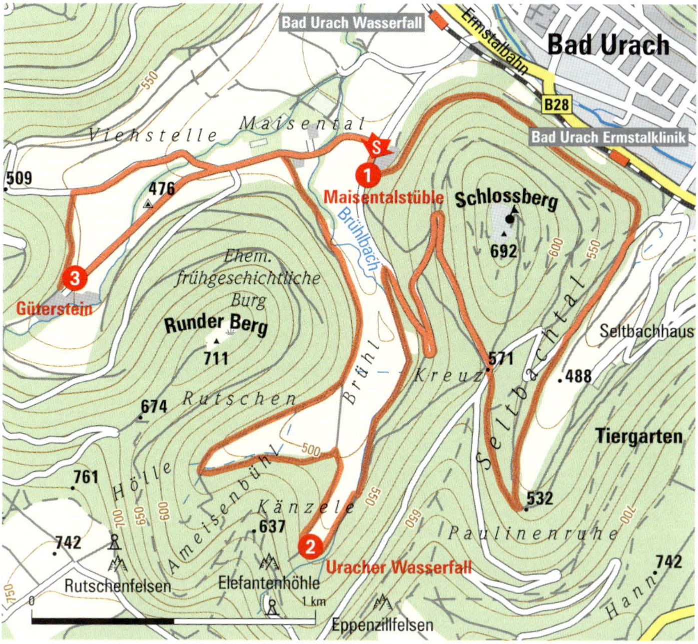

schwäbischen Alb entspringende Brühlbach 37 m frei in die Tiefe. Auf einem schmalen Pfad setzen wir unsere Fahrt fort, bis wir links ins Schießtal abbiegen.
Entlang des Runden Berges fahren wir wieder in nördliche Richtung und treffen auf eine Straße. Hier biegen wir nach links ab und kommen direkt zum Gestütshof **Güterstein** 3.
Hinter dem Hof halten wir uns rechts, biegen an der nächsten Kreuzung nochmals rechts ab und gelangen auf einer Fahrstraße direkt zum Ausgangspunkt zurück.

TOURPROFIL

Kurze Rundtour um den Hohenurach.

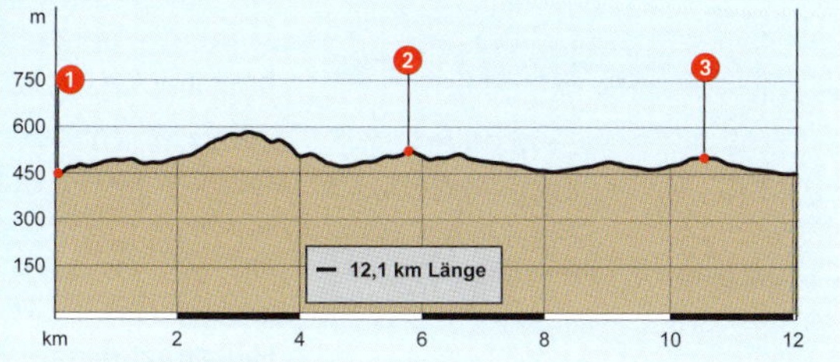

5 Ermstal

TOURINFO KOMPAKT

Anspruch:	Länge:	Dauer:	Höhendifferenz:
mittel	26,7 km	2:45 Std.	480 m

Auf dieser Tour erleben wir das Obere Ermstal in all seiner Vielfalt: Die Städte Metzingen und Bad Urach umgeben von Weinbergen, Obstwiesen und vielem mehr.

Ausrüstung: Fahrradhelm, ausreichend Getränke und Proviant.

Anfahrt mit dem Auto: A8 bis Ausfahrt Wendlingen, weiter auf der B313 nach Metzingen.

Anfahrt mit Bus & Bahn: Mit dem Zug nach Metzingen.

Ausgangspunkt: Metzingen
48° 32′ 14″ N 9° 17′ 28″ O

Einkehr: Diverse Einkehrmöglichkeiten in Metzingen und Bad Urach.
Unsere Empfehlung:
Landgasthof Rebstöckle · Kelternstraße 35 · 72555 Metzingen-Neuhausen · Tel.: 0 71 23 / 44 68 · www.landgasthof-rebstoeckle.com, schwäbische Spezialitäten, Fleisch- und Wurstwaren, Mo und Di Ruhetag.

Unsere Tour beginnt in S Metzingen in der Noyon-Allee. Wir radeln auf dem Radweg an der Straße entlang, überqueren die Ulmer Straße und biegen wenig später nach rechts ab, um weiter der Auchtenstraße zu folgen. Über eine Brücke überqueren wir nun die neue B28. Dann schlagen wir den Weg in den Wald ein, nehmen also die linke Abzweigung, wo es zunächst leicht bergab geht. Wir folgen diesem Weg immer geradeaus bis zu einer Kreuzung, an der wir nach links abbiegen. An der nächsten Abzweigung halten wir uns rechts. Nach einer Rechts- und einer Linkskurve folgen wir dem Weg weiter geradeaus und erreichen nun das **Unterbecken Glems** 1 des Pumpspeicherwerks von Metzingen-Glems. Wir fahren bis zum Pumpspeicherwerk an dem Becken entlang und biegen dann scharf links ab.
Hier geht es etwas bergauf. Wir überqueren die Landstraße, halten uns an der nächsten Abzweigung rechts und biegen gleich darauf nach links ab. Zwischen Obstbaumwiesen und mit einem herrlichen Ausblick auf die Landschaft fahren wir weiter geradeaus. An der nächsten Kreuzung wenden wir uns nach links und lassen es nun gemütlich bergab nach Metzingen-

Glems rollen. In Glems folgen wir der Beschilderung durch den Ort hindurch, dabei passieren wir das **alte Glemser Backhaus** 2. Leicht bergab geht es dann in Richtung Dettingen an der Erms. Kurz vor Dettingen unterqueren wir die B28 und biegen an der ersten Querstraße, auf die wir treffen, nach rechts ab. Am Ende der Straße halten wir uns links, wenden uns vor den Bahngleisen nach rechts und stoßen gleich darauf zu unserer Linken auf eine Unterführung, durch die wir hindurchfahren. An der folgenden Kreuzung biegen wir nach rechts ab und folgen der Karlstraße, bis wir links auf die Milchgasse treffen, auf der wir weiterfahren. Wir überqueren die **Erms** 3 und biegen dann nach rechts in die Hülbener Straße ein. Hier fahren wir ein kurzes Stück auf der Straße, bis wir ab dem Parkplatz vom Frei- und Hallenbad auf einen Radweg wechseln können. Wir folgen dem Weg, überqueren die Gustav-Werner-Straße in einem Bogen und biegen kurz danach nach rechts auf einen Feldweg ab. Über dem Ermstal geht es nun auf schöner Strecke immer geradeaus. Wir erreichen schließlich Bad Urach, wo sich ein Abstecher in die Innenstadt lohnt. Wenn wir darauf verzichten, fahren wir bei der ersten Querstraße links ab und folgen der Eichhaldestraße bergan. Nach dem Rechtsbogen, den die Straße beschreibt, biegen wir zwei Mal nach links ab. Rechts treffen wir schließlich auf einen **Spielplatz** 4, bei dem wir in den Wald hineinfahren. Am Ende des Waldes erreichen wir eine Freizeitanlage. Wir durchqueren Buchhalde, eine Siedlung zugehörig zu Dettingen an der Erms, in

► *Am Unterbecken von Glems.*

TOURPROFIL

Abwechslungsreiches Auf und Ab.

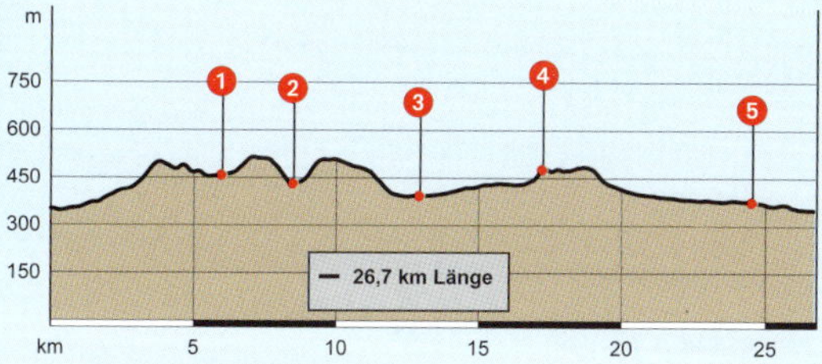

nördliche Richtung. Am Ende der Siedlung führt uns ein Radweg an der Hülbener Straße entlang zurück nach Dettingen an der Erms. Wir bleiben schließlich auf der Hülbener Straße, bis rechts die Sägmühlengasse abzweigt, der wir folgen. In der Straße „Am Hammerweg", in die die Sägmühlengasse mündet, zweigt nach kurzer Zeit links ein Weg ab. Wir folgen diesem Weg, überqueren die Durchgangsstraße und befinden uns nun auf der Kappishäuser Straße. Am Ortsende, wo wir zu unserer Rechten bereits einen freien Blick auf Wiesen und Felder genießen können, biegen wir nach rechts ab, überqueren links dann die Landstraße und fahren in westliche Richtung auf dem Kastanienweg

weiter. Nach der Rechtskurve wenden wir uns an der zweiten Kreuzung nach links und fahren nun unterhalb der **Weinberge** 5 entlang. Hinter dem Gebäude, auf das wir linker Hand treffen, biegen wir nach links ab. Gleich darauf wenden wir uns nach rechts. Bei der nächsten Weggabelung halten wir uns links und treffen dann auf den Steinerweg, auf den wir wiederum nach links einbiegen. Nun haben wir Metzingen erreicht. Ein letztes Mal auf dieser Tour biegen wir jetzt nach links in die Lerchenstraße ein, an deren Ende wir uns nach rechts wenden. Die Heerstraße, auf der wir uns nun befinden, führt uns zurück zur Noyon-Allee, dem Anfangs- und Endpunkt unserer Tour.

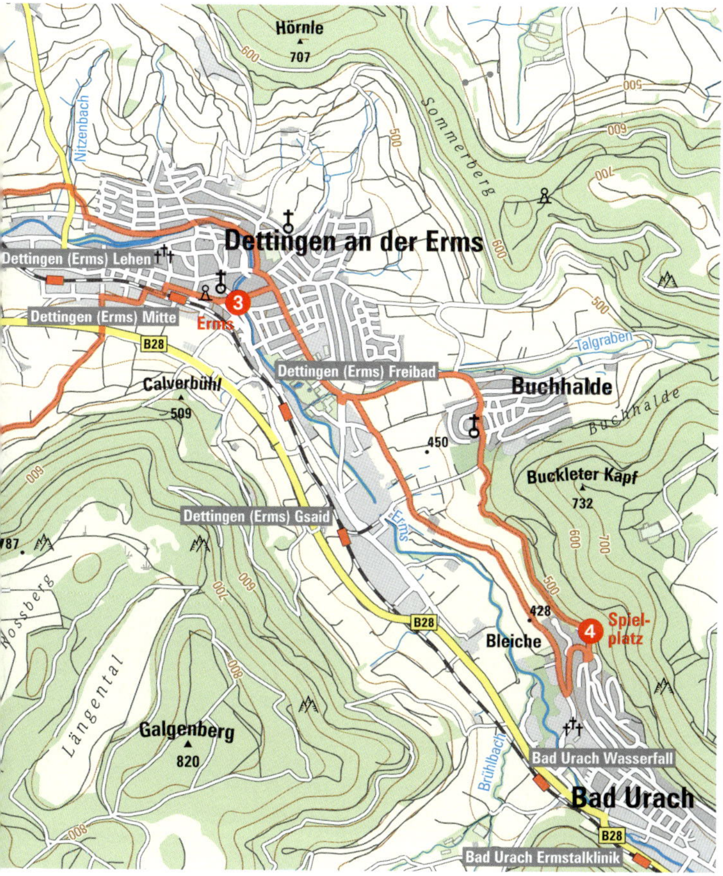

6 Lonetalradweg

TOURINFO KOMPAKT

Anspruch:	Länge:	Dauer:	Höhendifferenz:
mittel	41,7 km	3:00 Std.	195 m

Von der Quelle bis zur Mündung entdecken wir auf unserer Radtour durchs Lonetal herrliche Naturvielfalt, urgeschichtliche Höhlen und vieles mehr.

Ausrüstung: Fahrradhelm, ausreichend Getränke und Proviant, evtl. Badesachen für eine Badepause im Lonesee.

Anfahrt mit dem Auto: A8 bis Ausfahrt Merklingen, weiter über Nellingen nach Amstetten.

Anfahrt mit Bus & Bahn: Mit dem Zug nach Amstetten.

Ausgangspunkt: Amstetten
48° 34‘ 42“ N 9° 52‘ 24“ O

Einkehr: Diverse Einkehrmöglichkeiten in den umliegenden Ortschaften.
Unsere Empfehlung:
Gasthof Krone · Marktstraße 22 · 86657 Bissingen · Tel.: 0 90 84 / 9 14 00 · www.krone-bissingen.de, schwäbische Küche, täglich geöffnet.

Am S Bahnhof in Amstetten fahren wir durch die Unterführung und folgen den Wegweisern des Lonetalwegs nach rechts in die Lonetalstraße. Vorne an der Bahnhofstraße geht es links auf dem Radweg

▶ *Die Vogelherdhöhle.*

immer an den Bahngleisen entlang Richtung Urspring. In Urspring folgen wir der Albstraße in den Ort hinein und biegen nach links zum Lonetopf ab. Der Quelltopf der Lone stimmt uns recht schön auf den weiteren Verlauf der Tour ein. An der Kirche geht es rechts weiter in die Kirchstraße, die uns wieder zum Ortsrand führt. Wir bleiben geradeaus auf dem Schotterweg, überqueren die Lone und radeln die Hauptstraße entlang nach Lonsee hinein. Im Ort zweigen wir nach rechts in die Hindenburgstraße ein und kommen am Rathaus vorbei. Nach dem Spielplatz halten wir uns rechts, passieren den Sportplatz und folgen dem Verlauf der Lone. An der Brücke fahren wir nach links wieder auf Lonsee zu und biegen kurz vor der Hauptstraße nach rechts in eine kleine Asphaltstraße ein. Nun führt unser Weg parallel zu den Bahngleisen am **Lonesee** ❶ vorbei nach Holzhausen. Von der Poststraße biegen wir links in die Bachstraße ein, wenden uns direkt vor den Bahngleisen nach rechts und folgen den Schildern an der Kläranlage vorbei Richtung Westerstetten. Bevor wir den Ort erreichen, queren wir noch die Lone, die Landesstraße und die Bahngleise. In Westerstetten fahren wir von der Bahnhofstraße in die Kreuzbergstraße und verlassen durch die Lonetalstraße den Ort. Nun geht es immer an der Lone entlang an Breitingen vorbei in die **Wacholderheide Schönrain** ❷, die durch jahrhundertelange Schafbeweidung entstanden ist. Nach Überquerung der Landesstraße Bernstadt-Holzkirch beginnt der landschaftlich schönste Teil des Lonetals. An den

► *Radfahren im Lonetal.*

TOURPROFIL

Meist abschüssige Streckentour.

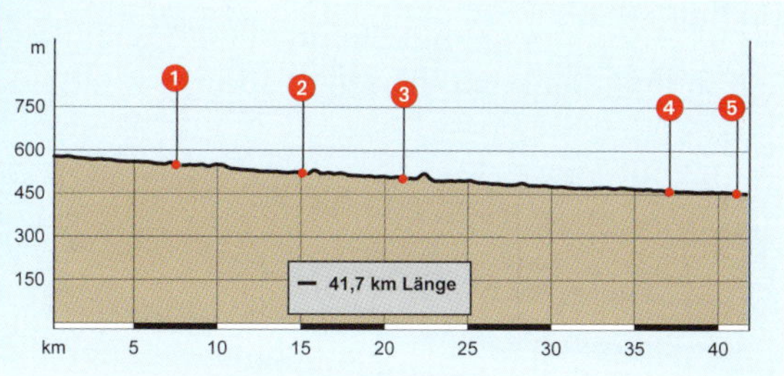

Hängen tauchen immer häufiger Jurafelsen auf, die Überreste des ehemaligen Jurameeres sind. Vorbei am Hubertusfels und Mehlsack, zwei herrlichen Aussichtsfelsen, erreichen wir den Wanderparkplatz Salzbühl. Wir überqueren die Lone und fahren gleich hinter der Brücke links weiter zum **Fohlenhaus** 3, eines der schönsten Felsformationen im ganzen Tal. Bei Nerenstetten unterqueren wir auf der Schnellstraße die Autobahn und folgen weiter dem kurvigen Flussverlauf. Kurz vor Bissingen lohnt ein Abstecher zur Bocksteinhöhle, die als ältester Siedlungskomplex der Neandertaler in Süddeutschland gilt. Schon kurz danach treffen wir auf die sogenannte Bärenhöhle. Ein Abstecher nach Lindenau, einer willkommenen Einkehrmöglichkeit, lohnt sich allemal.

Zurück im Tal kommen wir wenig später zur **Vogelherdhöhle** 4 bei Stetten, in der die meisten Artefakte der Eiszeit ausgegraben wurde. Thementafeln unterhalb der Höhle

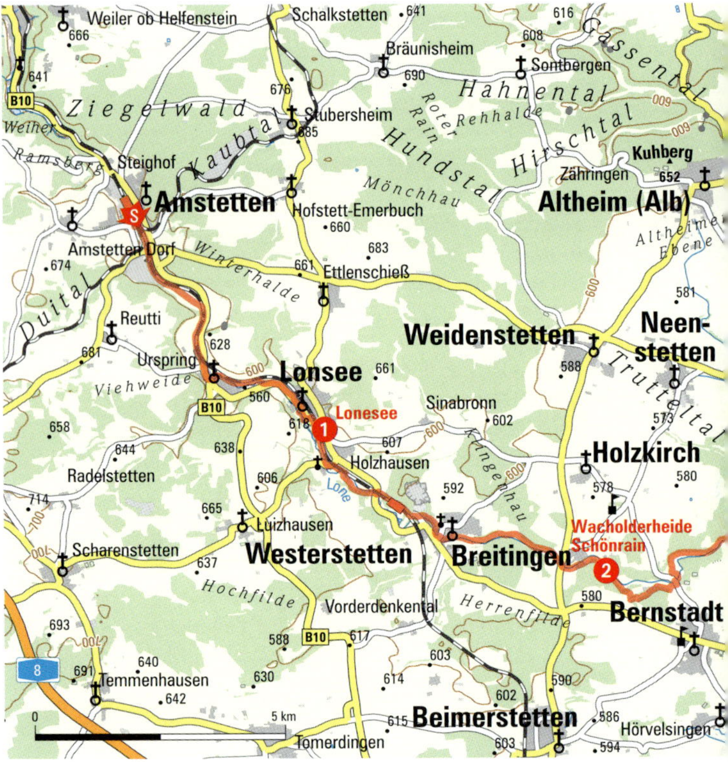

informieren uns über die Fundstelle von Vogelherdpferdchen. Auf der Gemeindeverbindungsstraße fahren wir weiter nach Lontal. Nun ist es nicht mehr weit bis zur **Ruine Kaltenburg** 5, die links oben hoch über dem Tal thront. Hier mündet die Lone in die Hürbe und das Ende des Lonetalradwegs ist erreicht. Wir verlassen das idyllische Flusstal und fahren links Richtung Hürben, wo die Charlottenhöhle und das Service- und Infozentrum Höhlenhaus einen Besuch lohnen. Von Hürben aus können wir entweder in Giengen oder in Hermaringen die Bahn für unsere Rückkehr nutzen oder wir setzen die Tour übers Eselsburger Tal hoch auf die Gerstetter Alb fort. Über Eselsburg, Dettingen und Heldenfingen radeln wir weiter bis nach Gerstetten und folgen dem Lokalbahnradweg wieder nach Amstetten. Wer hier doch schon müde ist, kann sonntags die Lokalbahn für die Rückkehr nach Amstetten nutzen. Die Fahrradmitnahme ist dort kostenlos möglich.

7 Von Krater zu Krater

TOURINFO KOMPAKT

Anspruch:	Länge:	Dauer:	Höhendifferenz:
schwer	67,2 km	5:30 Std.	645 m

Diese Radwanderung steht ganz im Zeichen zweier geologischer Großereignisse: Sowohl das Steinheimer Becken als auch das Nördlinger Ries entstanden durch einen Meteoriteneinschlag vor etwa 15 Mio. Jahren.

Ausrüstung: Fahrradhelm, ausreichend Getränke und Proviant, evtl. Badesachen für eine Badepause im Itzelberger See.

Anfahrt mit dem Auto: A7 bis Ausfahrt Heidenheim, weiter über die B466 nach Steinheim am Albuch.

Anfahrt mit Bus & Bahn: Mit dem Zug nach Heidenheim, weiter mit dem Bus nach Steinheim am Albuch.

Ausgangspunkt: Steinheim am Albuch 48° 44' 15" N 10° 6' 48" O

Einkehr: Diverse Einkehrmöglichkeiten in den umliegenden Ortschaften. Unsere Empfehlung: Gaststätte Heiderose · Schäfhalde · 89555 Steinheim am Albuch · Tel.: 0 73 29 / 91 82 10 · www.heiderose-steinheim.de, Di bis Do Ruhetag.

Unsere Radtour beginnen wir am S Rathaus von Steinheim am Albuch und fahren links auf der Hauptstraße bis zum Schnaitheimer Weg. Hier halten wir uns rechts, verlassen die Fahrstraße und radeln am Galgenbergweg entlang. Am Ende des Industriegebiets queren wir den Galgenbergweg und den Mühlweg, biegen anschließend gleich nach links ab und treffen, dem Weg folgend, wieder auf eine Fahrstraße. Dieser folgen wir nach Osten ins Schnaitheimer Tal. Auf dem Weg haben wir die Möglichkeit in der Gaststätte Heiderose einzukehren. Nach einer kurzen Rast bleiben wir weiter auf dem Weg durch die Mischwälder, bis wir auf die Zanger Straße treffen. Hier müssen wir nach links abbiegen und an der zweiten Kreuzung nach rechts fahren. Wir folgen dem Weg weiter bis nach Itzelberg. Am **Itzelberger See** 1 können wir baden, Minigolf spielen oder im Café Seeblick einkehren.

Danach fahren wir die Wiesentalstraße entlang, die uns aus dem Ort hinausführt. Wir folgen der Straße, umrunden den Bünneleskopf, fahren anschließend in südliche Richtung an den Bahnschienen entlang und erreichen Aufhausen.

Hier überqueren wir die Brenz und fahren über den Fischerweg und die Lammstraße links in die Kapellenstraße. An der nächsten größeren Gabelung halten wir uns rechts, queren die A7 und biegen an der folgenden großen Kreuzung wieder nach rechts ab. Wir bleiben auf der Straße, bis wir auf die Bundesstraße treffen. Hier fahren wir in Richtung Süden nach Nattheim hinein und geradewegs in den Ortskern mit der imposanten **evangelischen Martinskirche** 2. Anschließend fahren wir auf der Neresheimer Straße wieder zurück und biegen dann nach rechts in den Wolfsbühlweg ein. Über Felder radeln wir am Sachsenbrunnen vorbei in Richtung Wald – hier geht es steil bergauf – und folgen dem Weg bis zur Landesstraße. Dort biegen wir links ab und fahren nach Fleinheim hinunter. Über die Hochfeldstraße verlassen wir den Ort. Kurz vor dem Staudamm fahren wir nach rechts und kommen wieder auf die L1181. Wir bleiben ein kurzes Stück auf der Straße, bis wir rechts in einen Waldweg einbiegen. Auf diesem bleiben wir bis Dischingen und verlassen den Ort in Richtung Neresheim. An der Egau entlang fahren wir bis zum **Härtsfeldsee** 3. Am Ufer halten wir uns links und radeln dann weiter am Fluss entlang, bis wir wieder auf eine Fahrstraße treffen, der wir geradeaus folgen. Es geht an der Gallusmühle vorbei und über die Dischinger Straße nach Neresheim hinein. Ein Besuch der spätbarocken **Abteikirche** 4 ist sehr lohnenswert.

Über die Kösinger Straße kommen wir zur Maria-Buch-Kapelle, hinter der wir nach links abbiegen und der Schlossstraße nach Ohmenheim folgen. Am Ortsende verläuft ein Stück unserer Tour an der B466 entlang, die wir an der nächsten Möglichkeit wieder nach links verlassen. An der darauffolgenden Weggabelung biegen wir nach rechts auf den Weilermerkinger Weg ab. Diesem folgen wir bis kurz vor Weilermerkingen, halten uns vor dem ersten Gebäude rechts und folgen dem Weg zwischen Feldern hindurch. Die Fahrstraße, auf die wir stoßen, überqueren wir und fahren geradeaus in das Waldstück hinein. An der nächsten Kreuzung

TOURPROFIL

Auf und Ab durch die Kraterlandschaft.

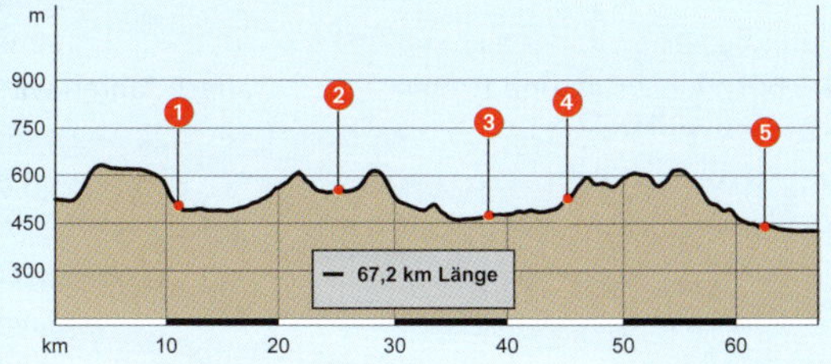

biegt man nach links ab und fährt dann an Dehlingen vorbei. Hinter dem letzten Gebäude wenden wir uns nach links und treffen damit auf die Kreisstraße, der wir nach rechts folgen.
Es geht zunächst bergauf und wieder bergab, bis wir schließlich Härtsfeldhausen erreichen. Auf der Landstraße fahren wir anschließend weiter nach Utzmemmingen. Am nördlichen Rand der Ortschaft biegen wir links in die Walkstraße ein, halten uns bei der **Walkmühle** 5 rechts und erreichen dann Nähermemmingen. Die Ortschaft durchquert man auf der Riesstraße und biegt bei der

Hausnummer 10 nach rechts ab. Kurz darauf folgen wir dem Weg, der links abzweigt. Wir radeln am Ortsrand entlang und passieren dann nacheinander die Klotzen-, Lohmühle – hier rechts halten – und die Stegmühle. Anschließend überqueren wir die Eger und biegen links in den Stegmühlweg ein. Den Nähermemminger Weg verlassen wir dann nach links in die Ulmer Straße und fahren so geradeweg in den Ortskern von Nördlingen. Hier lohnt sich ein Rundgang durch die historische Altstadt. Mit dem Zug fahren wir nach Heidenheim und erreichen von dort aus weiter mit dem Bus unseren Ausgangspunkt.

8 Brenz-Radweg – Von der Quelle zur Donau

TOURINFO KOMPAKT

Anspruch:	Länge:	Dauer:	Höhendifferenz:
mittel	56,2 km	5:00 Std.	128 m

Von der Brenzquelle folgen wir dem Fluss durch schöne Landschaften und kleine Ortschaften bis zur Mündung in die Donau.

Ausrüstung: Fahrradhelm, ausreichend Getränke und Proviant, evtl. Badesachen für eine Badepause im Itzelberger See.

Anfahrt mit dem Auto: A7 bis Ausfahrt Heidenheim, weiter über die B466 und die B19 nach Königsbronn.

Anfahrt mit Bus & Bahn: Mit dem Zug nach Königsbronn.

Ausgangspunkt: Königsbronn
48° 41' 34" N 10° 3' 52" O

Einkehr: Diverse Einkehrmöglichkeiten in den umliegenden Ortschaften.
Unsere Empfehlung:
Landgasthof Sonne · Hauptstraße 56 · 89423 Gundelfingen · Tel.: 0 90 73 / 73 34 · www.sonne-gundelfingen.de, schwäbische Küche, täglich geöffnet.

Wir starten in S Königsbronn direkt an der Brenzquelle. Ein hellblaues Symbol weist uns den Weg. Wir folgen der Herwartstraße nach links, kommen in die Brenzquellstraße und biegen rechts in die Paul-Reusch-Straße ab, der wir entlang der Bahnschienen ein Stück weit folgen. Dann fahren wir nach rechts in die Brenzstraße und biegen an deren Ende links in die Itzelberger Straße ab. Dieser folgen wir, bis wir links zu einer Unterführung kommen. Hier biegen wir ab und fahren am **Itzelberger See** 1 die Uferstraße entlang. Wir verlassen die Ortschaft Itzelberg über die See- und die Wiesentalstraße und folgen weiter dem Weg am Waldrand entlang, der einen Bogen um den **Brünneleskopf** 2 macht. Wir treffen wieder auf Bahnschienen und fahren an diesen in südliche Richtung bis nach Heidenheim an der Brenz entlang. In der Ortschaft folgen wir dem Weg nach rechts durch eine Unterführung, biegen nach rechts in die Christianstraße ab, folgen links der Grabenstraße und kommen über die Pöltener Straße in die Erchenstraße. Wir folgen dem Straßenverlauf, verlassen Heidenheim, queren die Brenz und biegen an der nächsten Möglichkeit nach links in die Gurtstraße ab. Über den Schmittenplatz und die Webergasse kommen wir in die Färbergasse, der wir nach rechts weiter folgen. An der nächsten Kreuzung biegen wir nach links in die Oberdorfstraße ab und fahren ein Stück weit an der Brenz entlang. Kurz vor Neubolheim queren wir die den Fluss nach links, halten uns danach gleich rechts und wieder links. Wir folgen den Bahnschienen nach Süden und kommen über Bolheim an den Ortsrand von Herbrechtingen. Am Ende der Bolheimer Straße müssen wir rechts in die Damaschkestraße einbiegen und queren über die Anhauser Straße ein weiteres Mal die Brenz. Wir kommen durch Riedmühle am ehemaligen **Kloster Anhausen** 3 vorbei. Hier können wir unsere müden Füße in einer Kneippanlage erfrischen. Gut erholt, biegen wir links in den Kapellenweg ab und kommen in das Eselsburgertal. An der nächsten Gabelung fahren wir links und folgen dem Straßenverlauf, der uns entlang der Brenz bis nach Eselsburg führt. Hier macht die Straße einen Linksknick und führt uns weiter in nördliche Richtung durch das malerische Eselsburger Tal mit den sagenumwobenen **Steinernen Jungfrauen** 4. Am Ortseingang von Herbrechtingen passieren wir das **Heimatmuseum** 5 (geöffnet Ostern–Ende Okt. So 14–16 Uhr). Hinter dem Museum biegt man nach links in den Baumschulenweg ab, überquert die Brenz und folgt dem Straßenverlauf. Am Ende der Straße biegen wir rechts in die Mergelstätter Straße ein, queren erneut die Brenz und halten uns an der Weggabelung links. Über die Mühlstraße und die Straße Im Saum verlassen wir die Ortschaft und queren die Bahnschienen und die Bundesstraße entlang der Brenz. Zwischen der Bundesstraße und dem Fluss fahren wir in Richtung Osten weiter an der L1082 entlang. Wir kreuzen die A7 und fahren, dem Straßenverlauf folgend, nach Giengen an der Brenz. In der Ortschaft verlassen wir die Bahnhofstraße und biegen nach links in die Burgstraße. Hinter der Brücke wenden wir uns nach rechts und gleich darauf links in die Spitalstraße. Hinter der Kirche folgen wir der Wasserschapfstraße nach rechts, biegen nochmals rechts in die Biberstraße und folgen dieser, bis wir wieder auf die Brenz stoßen. Hinter der Brücke halten wir uns

TOURPROFIL

Ebene Streckentour an der Brenz entlang bis zur Donau.

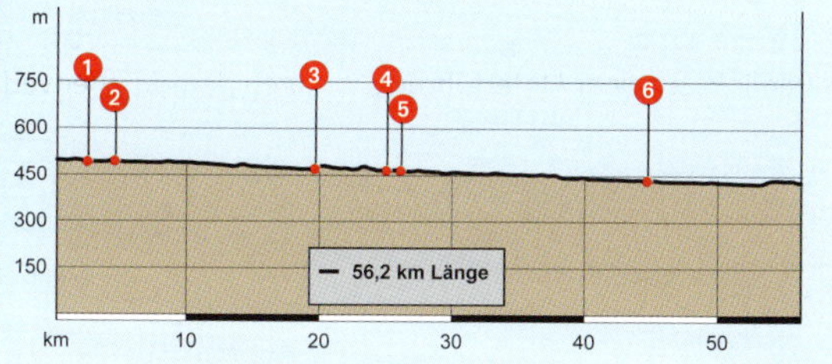

rechts und biegen gleich wieder nach links in den Giengener Weg ab. Dem Straßenverlauf an den Bahngleisen folgend, kommen wir durch Hermaringen nach Bergweiler. Kurz vor dem Ort queren wir die Schienen und verlassen Bergweiler über die Burgbergerstraße, die Dorfstraße und der Weiherstraße. Wieder queren wir nochmals die Schienen und radeln in Richtung Sontheim an der Brenz. Kurz vor der Ortschaft müssen wir uns an einer Weggabelung links halten und dem Straßenverlauf bis zur Sontheimer Straße folgen. Hier biegen wir nach rechts und gleich wieder nach links in die Badstraße. Am Ende der

Teerstraße fahren wir weiter den Weg entlang und kommen über die Heinrich-Röhm-Straße nach Bächingen an der Brenz. Hier können wir uns in der **Umweltstation „Mooseum"** ❻ über das Schwäbische Donautal informieren. Wir fahren geradeaus durch den Ort und kommen am Ende der Schlosstraße über eine Brücke. Von hier aus führt uns der Weg parallel zur Brenz weiter bis zu einer weiteren Brücke, die wir passieren. Der Kleinen Brenz folgend, radeln wir weiter in Richtung Osten, bis wir über zwei Brücken wieder die Brenz queren und Gundelfingen an der Donau erreichen. Wir biegen rechts in die Obere Vorstadt, halten uns zweimal rechts und folgen der Hauptstraße in die Professor-Barmann-Straße. Rechts in die Bahnhofsstraße einbiegend, folgen wir dem Weg über die Brenz und wenden uns am Ende der Straße rechts in die Xaver-Schwarz-Straße. An der nächsten Möglichkeit biegen wir nach links ab, queren die Schienen, halten uns anschließend gleich rechts und wieder links und folgen der Stadionsstraße in Richtung Norden. Am Ortsausgang biegen wir rechts in die Gartnerstraße. Dem Weidweg folgend, kommen wir links zu einer Brücke, die wir passieren und über die Vogteistraße links in die Lauinger Straße fahren. An der nächsten Abzweigung radeln wir rechts durch die Leitenstraße nach Faimingen. Wir fahren die Magnus-Scheller-Straße entlang, biegen links in die Römerstraße und halten uns gleich wieder rechts in die Kastellstraße. Vor dem Bildungszentrum Lauingen fahren wir nach rechts und gleich wieder links bis zu dem Punkt, an dem die Brenz in die Donau mündet. Mit dem Zug kommen wir von Lauingen oder Gundelfingen nach Königsbronn zurück.

12 Wandertouren 8 Radwandertouren

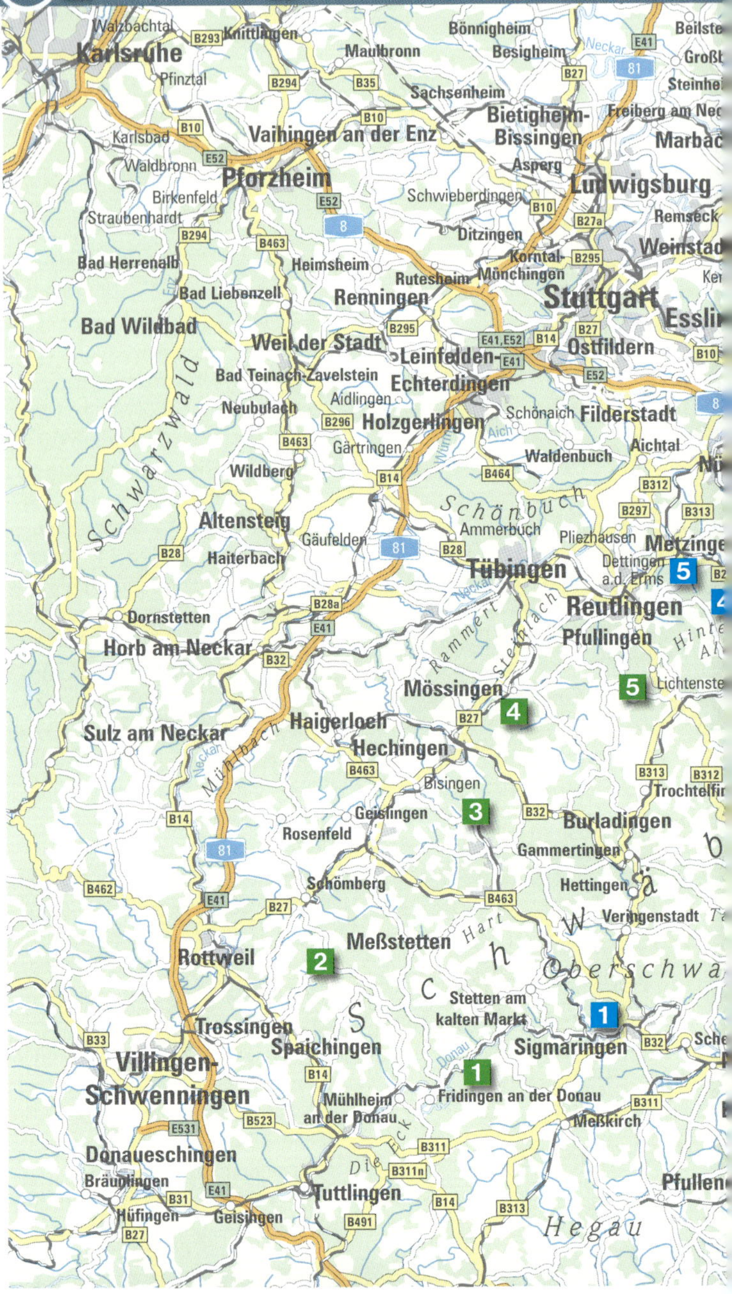

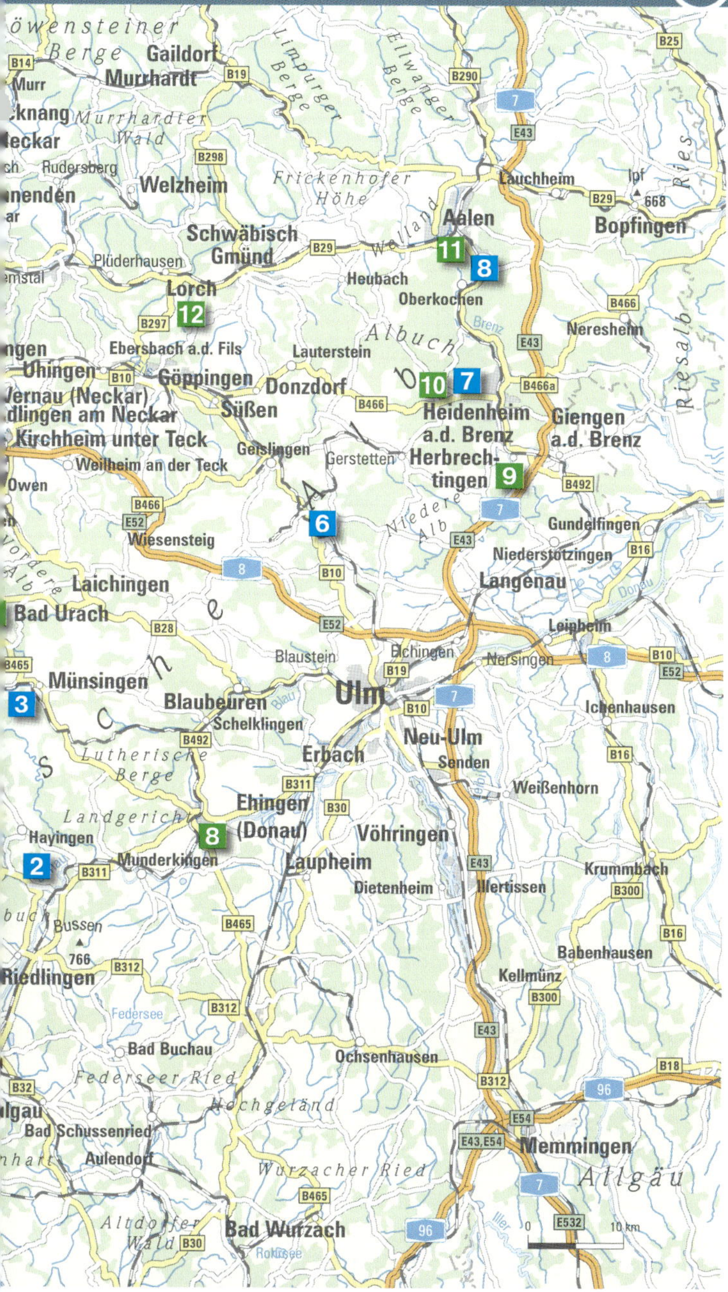
Löwensteiner Berge
Gaildorf
Murrhardt
Murr
Murrhardter Wald
Limpurger Berge
Ellwanger Berge
Rudersberg
Welzheim
Frickenhofer Höhe
Lauchheim
Ipf
668
Ries
Bopfingen
Aalen
Welland
Schwäbisch Gmünd
Plüderhausen
Lorch
Heubach
Oberkochen
Albuch
Brenz
Neresheim
Riesalb
Ebersbach a.d. Fils
Lauterstein
Uhingen
Göppingen
Donzdorf
Süßen
Heidenheim a.d. Brenz
Giengen a.d. Brenz
Kirchheim unter Teck
Geislingen
Gerstetten
Herbrechtingen
Weilheim an der Teck
Owen
Niedere Alb
Gundelfingen
Wiesensteig
Niederstotzingen
Langenau
Laichingen
Bad Urach
Donau
Leipheim
Blaustein
Elchingen
Nersingen
Münsingen
Ulm
Blaubeuren
Schelklingen
Ichenhausen
Neu-Ulm
Erbach
Senden
Lutherische Berge
Weißenhorn
Ehingen (Donau)
Landgericht
Vöhringen
Hayingen
Munderkingen
Laupheim
Dietenheim
Illertissen
Krummbach
Bussen
766
Riedlingen
Babenhausen
Kellmünz
Federsee
Bad Buchau
Ochsenhausen
Federseer Ried
Hochgeländ
Bad Schussenried
Aulendorf
Memmingen
Allgäu
Wurzacher Ried
Altdorfer Wald
Bad Wurzach
Rohrsee
Iller
0
10 km
1 2 3 6 7 8 8 9 10 11 12

PUBLICPRESS

der verlag mit der sonne

3in1-Reiseführer:

Allgäu	ISBN 978-3-89920-999-0	€ 9,95
Altmühltal und Fränkisches Seenland	ISBN 978-3-89920-806-1	€ 9,99
Bayerisches Oberland – Zw. München & Zugspitze	ISBN 978-3-89920-811-5	€ 9,95
Bergisches Land	ISBN 978-3-89920-822-1	€ 9,95
Biosphärenreservat Bliesgau	ISBN 978-3-89920-810-8	€ 9,95
Biosphärenreservat Mittelelbe	ISBN 978-3-89920-832-0	€ 9,95
Bodensee	ISBN 978-3-89920-991-4	€ 9,95
Chiemgau – Berchtesgadener Land	ISBN 978-3-89920-990-7	€ 9,95
Eifel	ISBN 978-3-89920-997-6	€ 9,95
Erzgebirge	ISBN 978-3-89920-824-5	€ 9,95
Gardasee	ISBN 978-3-89920-992-1	€ 9,95
Harz	ISBN 978-3-89920-998-3	€ 9,99
Höxter	ISBN 978-3-89920-933-7	€ 9,99
Lüneburger Heide	ISBN 978-3-89920-827-6	€ 9,95
Mallorca	ISBN 978-3-89920-995-2	€ 9,95
Nordseeküste – Niedersachsen	ISBN 978-3-89920-812-2	€ 9,95
Odenwald	ISBN 978-3-89920-817-7	€ 9,95
Ostseeküste – Mecklenburg-Vorpommern	ISBN 978-3-89920-996-9	€ 9,95
Ostseeküste – Schleswig-Holstein	ISBN 978-3-89920-804-7	€ 9,95
Pfalz	ISBN 978-3-89920-803-0	€ 9,95
Rhön	ISBN 978-3-89920-818-4	€ 9,95
Sächsische Schweiz – Elbsandsteingebirge	ISBN 978-3-89920-801-6	€ 9,95
Sauerland	ISBN 978-3-89920-993-8	€ 9,95
Schwäbische Alb	ISBN 978-3-89920-805-4	€ 9,99
Schwarzwald	ISBN 978-3-89920-994-5	€ 9,95
Weserbergland	ISBN 978-3-89920-807-8	€ 9,95

Wanderführer:

Abenteuer Saar-Hunsrück-Steig	ISBN 978-3-89920-842-9	€ 14,99
Abenteuer Soonwaldsteig	ISBN 978-3-89920-819-1	€ 11,95
Unterwegs im Traumschleifenland	ISBN 978-3-89920-829-0	€ 11,95
Wanderland Harz	ISBN 978-3-89920-813-9	€ 11,95
Wanderland Saarland	ISBN 978-3-89920-814-6	€ 11,95
Wanderland Sauerland	ISBN 978-3-89920-828-3	€ 11,95
Wandern links und rechts d. Deutschen Weinstraße	ISBN 978-3-89920-821-4	€ 11,95
Wein-Wandern in Deutschland	ISBN 978-3-89920-820-7	€ 11,95

Radtourenführer:

Berlin	ISBN 978-3-89920-816-0	€ 11,95
München und Umgebung	ISBN 978-3-89920-815-3	€ 11,95
Die schönsten Radfernwege in Baden-Württemberg	ISBN 978-3-89920-826-9	€ 9,99
Die schönsten Radfernwege in Bayern	ISBN 978-3-89920-823-8	€ 9,95
Die schönsten Radfernwege in Deutschland	ISBN 978-3-89920-809-2	€ 9,99